僕がカンボジア人になった理由

僕がカンボジア人になった理由／目次

第五章 僕のカンボジアライフ

まえがき

僕が猫ひろしという芸名を先輩からつけてもらいデビューしたのは、2003年のことです。

高校を卒業し、好きなお笑いをたくさん見に行くようになった大学生の頃、いつしか自分も芸人になりたいと思うようになっていました。

芸で売れて、バラエティー番組にたくさん出たい。ほかの芸人と同じく、ひたすらそればかり考えていた僕が、まさかまったく違うジャンルのマラソンを走るようになり、オリンピックに出場するとは、夢にも思いませんでした。

しかも国籍を変えて、異国のカンボジアの代表選手として走るなんて――。

普通のサラリーマンの家庭に育った僕が、芸人・猫ひろしになり、15年くらい経った頃のことです。

家に遊びに来た先輩が、僕の家に飾ってある500体以上の猫グッズを見て、僕に言いました。

「お前は本当に猫になったんだな。お前は人が用意した神輿《みこし》に本当に気持ちよく乗って踊る男だ」

僕のこれまでの芸人人生を振り返ると、本当にその通りだなと思います。

「猫ひろし」という芸名しかり。「カンボジア人になって、マラソンのカンボジア代表となってオリンピックを走る」ことしかり。

周りに神輿を担いでくれる人たちがいて、本人はその神輿の上でただ一生懸命に頑張る。その結果、一介の芸人である僕が、オリンピックへ出場することができたのです。

僕がしたことといったら、4年間ただ猫まっしぐらに、地球一周分以上走っただけです。

すべては神輿を担いでくれる、信頼できる仲間たちがいたおかげだと思います。

本書は一生懸命やる以外、ほかに何にも取り柄のない人間が、いろいろな人や出来事に出会い、巻き込み、巻き込まれながら、オリンピックで完走するまでを綴った本です。

ぜひ読んでくださいませ。

第一章

リオ五輪カンボジア代表・タキザキクニアキ

いよいよ訪れたリオ五輪のレース当日

２０１６年8月21日、リオ五輪の最終日が男子マラソンの本番でした。

僕はフルマラソンの前日は、最低でも6時間、可能なら8時間の睡眠を取るようにしていますが、たとえば毎年のように出ている東京マラソンでも、緊張感からかよく寝つけないことがあります。ただ、リオ五輪のときはサプリメントを飲んでいたこともあって、結構ぐっすり寝られました。だから、起きた瞬間に寝ぼけながらもコンディションはいいなと思ったのを覚えています。

当日は、9時半スタートだったので、いつも通り5時間前の4時半に起きて、5時くらいには食堂に行き、朝食を食べました。その後、部屋に戻って準備してから、同じくマラソンに出場する他国の選手や関係者と一緒に7時前にはバスで会場に向かいました。

途中で雨が降ってきたのに気づきました。

雨が降るとタイムは遅くなるものですが、僕の場合はトップの選手と比較して持ちタイムで20分以上の差があるわけで、普通に走っても勝つことはできません。だとすると、このままもっと荒れてくれた方がチャンスがあるかもしれないとか、雨でさらにタイムが遅くなったらどうしようとか、いろいろなことが頭をよぎりました。

会場まではバスで1時間ほどでした。いつもはバスの中で音楽を聴いたりしてテンションを上げているのですが、リオのときは、会場に着くまで寝ることにしました。何も考えたくなかったのです。

1週間前の8月14日には女子のレースを同じ会場で見ていたので、暑さの中でのレースは目の当たりにしていました。その後選手村の食堂で、田中智美《ともみ》選手（第一生命）と会ったときも、「めちゃくちゃ暑かったです」と言っていたので、厳しいレースになることは覚悟していました。

中島進コーチからもレース前にこう言われました。

「雰囲気に呑まれないように。オリンピックだからって魔法はないし、これまでやってきたことしか出ない。暑くなって、タイムがいつもより遅くなっても慌てないように」

レース前は、1キロ約3分32秒のペースで、2時間30分から31分くらいで走るイメージを持っていました。そうすれば、100位前後はいける。前半無理せずに、後半に粘って自分らしい走りをするというのがレースプランでした。腕には5キロごとに設定したタイムを全部マジックで書いておきました。

レースが始まると気温こそそこまで高くなかったのですが、雨が降って湿度が上がったことで、予想通り厳しいコンディションになりました。

コースは周回だったので、走りながら自分がビリだというのはわかっていました。だから、途中でリタイアしそうな選手を見かけたときには「カモンッ！　カモンッ！」と声をかけてレースに戻ってくるように促していました。じゃないと僕がビリになっちゃいますから（笑）。でも、最終的には15人も棄権者が出ていました。

それにしても、これはマラソンあるあるでもあるのですが、なんと最初の給水で僕のスペシャルドリンク（個人で用意するもので、中身はそれぞれ）がほかの選手に取られてしまったようでなかったんです。オリンピックは参加選手も多いので、国ごとにアルファベット順で給水のドリンクが置かれているのですが、カンボジア（Cambodia）はCだから、カナダ（Canada）あたりの選手が間違えたんですかね。オリンピックで給水がないって信じられます？（笑）アピールしたら、次の給水のときは係の人が親切に「ここだよ」って教えてくれましたが、２回続けてなかったら笑いにもできていなかったと思います。

20キロまではいい感じだったんです。でも、レース前から雨が降っていたせいで、靴が濡れて重くなり、20キロ過ぎくらいからは足のマメも潰れて、最後は気持ちで走りました。周りの人がどう感じていたかはわかりませんが、僕の中では足が折れてでも走り切らなければという思いがありましたから。

なぜそんな風に思っていたかといえば、僕にはカンボジアを代表して来ているという思いと、僕が走ることでオリンピックに来られなかったカンボジア人選手もいるということが頭にありました。そんなことを考えたら中途半端な走りはできません。国籍を変えてまでオリンピックに出場し、僕が1枠を使ってしまった。その分一生懸命に走らなければという思いは強くありました。

ただ、オリンピックは簡単じゃありません。

雨に加え途中からは陽も差してきて、情けない話ですが、30キロから35キロくらいのところでは早く終わってほしいなんて思ったこともありました。そんなときに背中をポンッと叩かれたんです。僕は後ろに人がいるって知らなかったので、一瞬、あの世から迎えが来たのかなと思ったら、まだ1人選手がいたんです。

その選手が最後の直線まで僕と最下位を争ったヨルダンの選手なのですが、背中を叩かれたときに、英語で「頑張って一緒にゴールしようぜ」的なことを言ってくれたんです。この話をあとで周りの人にしたら「スポーツマンシップって素晴らしいね」なんて言われたのですが、僕は意外にも冷静でコイツに抜かれたらビリになると思い、そこからはありったけの力で走りました（笑）。だから完走できたのは、彼のおかげでもあるんです。

ゴール後には、帳尻を合わせるようにその彼と互いの健闘を称えてハグしたのですが、僕はそのときオリンピックに優しさはいらないと思っていました（笑）。

タイムこそ2時間45分55秒と自己ベストには届かなかったのですが、意地で完走しました。順位は１４０人中１３９位（参加者は１５５人）と、何とかビリだけは免《まぬか》れました。

もし完走していなかったらどうなっていたのか。そう考えるといまも怖いです。順位に関しては、最初からこうなることはある程度わかっていましたけど、走り切れたときは何よりホッとしました。

ゴールの瞬間はやっぱり気持ちよかったです。最終コーナーを曲がり、直線コースに入ると観客席は満員。スタート時に降っていた雨も上がり、思い描いていたオリンピックというか、映画のラストシーンみたいに思えたんです。でも、あとで聞いたらＮＨＫの放送は、僕がゴールする前に終わっていたというから驚きでした（笑）。

それでもリオ五輪の各競技の平均視聴率は男子マラソンが一番高かったみたいです。ツイッターのトレンドでも「猫ひろし」が1位。それにレース中は「猫ひろし」というキーワードがネット上で話題になったとか。リアル「ポケモンＧＯ」というか、「猫ひろしを探せ」的に盛り上がってくれた人が結構いたんじゃないかということも聞きましたし、それはすごくうれしかったです。

ちなみに、最後に僕と熾烈なデッドヒートを見せたヨルダンの選手は32歳（当時）の元陸軍軍曹で、名前はメスカル・アブ・ドライスというそうです。聞いた話によると、「2020年の東京五輪では10位以内で終える」なんて言っていたみたいですが、20年の東京五輪で再戦があったとしても僕は負けません（笑）。

スタートで最前列にいたはずが……

オリンピックのマラソンのスタートって、数名の有力選手を除いて、あとは早く準備した順番になるって知っていました？　嘘じゃなく本当なんです。

僕もスタート時は、早く準備して1列目をキープしました。その並びはすごかったですよ。エチオピア、ケニア、アルジェリア、猫、ケニア、エチオピアみたいな（笑）。日本の3選手よりも前に位置取りしていましたし、完全に迷い〝猫〟です。でも、ここでしかテレビに映らないと思っていましたし、これをやるために国籍を変えたわけですから一歩も引けません（笑）。

スタート直前、改めてやっとここまで来られたという気持ちになり、走り切ればオリンピックで完走するという目標が達成できる、そのためにも絶対に完走しなければと思っていました。もちろん、僕は芸人なので何かギャグにできるものはないか、そんなことも考えながら、残された役目はスタートラインでテレビカメラに顔を出すことだけだと確認しました。

ただ、準備していたらちょうど斜め後ろの2列目で、選手村の棟が一緒で顔見知りになっていた北朝鮮の選手が苦しそうにしていたので、ここはオリンピアン精神にならって「よかったら、前に来る？」と合図をしたんです。そしたら、図々しくも僕の横じゃなくて前に入るんです。僕は自動的に2列目になり、そいつは全然動かないので、本当にイラっときましたね（笑）。

そうこうしているうちにテレビの中継が始まってしまったのですが、あとで見たらおでこしか映ってないんです。何とか、背の高い選手の肩と肩の間から顔だけ出していたものの、どう見ても変質者でした（笑）。

それにしても、リオでは155人が走ったのですが、スタート時はびっくりするくらい狭い場所にぎゅうぎゅう詰めでしたから、誰か1人でも躓《つまず》いたら何人も道連れになるんじゃないかと心配になりました。100メートル走じゃないんだから、そんなに前に詰めなくても大丈夫だと思ったのですが、みんな闘争心むき出しというか、少しでも前からスタートしようと必死で、明らかにほかのマラソン大会にはない緊張感がありました。

スタートは「ニャー」と言って飛び出したのですが、悲しいことにテレビにはほとんど映っていなかった。手でポーズをとっていたのですが、声は完全に周囲の雑音にかき消されました。

僕は以前からオリンピックではまじめに走ると言っていましたが、いざスタートラインに立ったら芸人としてのいやらしさが出てしまいました（笑）。それで最初の１００メートルだけでも世界で1位になってやろうと思ったりもしたのですが、思いっ切りダッシュしても周りの選手が速すぎて、全然前に出られず。そのときは本気でレベルの違いを痛感し、我に返りました（笑）。

最後は完走し、「ニャー」ポーズを決められて本当によかったです。沿道では、日本人選手を応援しに来たであろう人たちも「猫さーん」と声を上げて応援してくれていて、すごくうれしかったです。

それとよくレースはスタート前から始まっているなんて言われますが、スタート前に〝大きい方〟をしたくなって会場のトイレに行ったんです。

そこで個室を開けたらカギが壊れていたのか、目の前で黒人の選手が用を足していたんです（笑）。目が合ったので、申し訳ないと思い「アイム・ソーリー（ごめんなさい）」と謝ってドアを閉めました。でも閉まる瞬間に、彼はこちらを向いて眉一つ動かさずに「ノープロブレム（問題ありません）」って言ったんです。その瞬間、この選手〝器デカイ〟なと思いました。レース前なのに、まったく動揺していなかったですし。正直、こんな選手に勝てるのかなとこちらが動揺してしまいました。その選手は結局途中でリタイアしていました。アフリカの黒人選手だったのですが、お腹でも壊していたんですかね。何か問題があったみたいです。

カンボジア代表のチームメートとの会話

カンボジアからリオ五輪に出場した選手は、僕を含めて計6名でした。僕のほかに女子マラソンと女子レスリング、女子テコンドーの選手がそれぞれ1人と男女水泳選手それぞれ1人。唯一テコンドーの女子選手だけが実力でオリンピック出場を決めた選手で、それ以外はみんな僕と同じ〝ワイルドカード〟での出場でした。

ワイルドカードって何かといえば、その国でその種目（陸上なら陸上、水泳なら水泳）の五輪参加標準記録の突破者が誰もいない場合に、男女1選手ずつを特別に派遣できるシステムで、僕はそのカンボジアの陸上の代表として参加したわけです。

人数はスタッフを入れても全員で15～16人。日本などのように何百人単位で参加する国と比較すると、かなりの少人数です。

僕の職業が芸人だと聞いたときは、カンボジアのほかの競技の選手も少しびっくりしたみたいです。

カンボジア代表の女子マラソンのリー・ナリー選手は、年齢が僕よりも5つくらい上だったのですが、若い選手が多いなかでは年が一番近かったこともあり、選手村ではよく一緒に話をしましたし、ジョギングもしました。

その彼女があるとき、僕のところに来て「そういえば、日本では何の仕事をしているの？」と聞いてきたんです。僕が「コメディアン」と言ったときは、3秒くらい固まってから「ギャハハハッ！」と大爆笑していました。

カンボジアのアスリートは、ほかに職を持っている人も多く、彼女はカナダ在住で、仕事は確か病院関係と言っていました。

サブ3（フルマラソンで3時間を切るタイム）を達成したことで、カンボジア代表に選ばれたそうですが、カンボジアの女子代表選手ではオリンピックの本番で初めて完走した選手だったようです（残念ながら最下位に終わってしまいましたが……）。オリンピックに出場する選手は、何も競技に専念しているばかりではないのです。とくに経済的に恵まれていない国では、競技に専念できている選手の方が少ないかもしれません。さすがに芸人としてオリンピックに出場したのは僕だけだと思いますが……。

また、カンボジアの陸上選手との関係ですが、本当に仲がいいんです。

リオ五輪のときはそうでもなかったですが、ロンドン五輪の出場が内定したときには日本で「カンボジア人選手の出場枠を奪った」などと批判されることもありました。でも、僕はむしろカンボジアの陸上選手たちに救われていたくらいです。

リオ五輪はワイルドカードでの出場でしたので、カンボジアから陸上選手として出場できたのは僕1人でした。それでも、とくにカンボジア陸上代表候補の古株でもあるキエン・サモーン選手（800メートルでロンドン五輪出場）やマ・ビロー選手（フルマラソン・カンボジア2位）とは仲が良かったですし、リオの前には「頑張って」と言って送り出してくれました。

そのほかの代表候補選手とも何度も一緒に練習をしていて、あるときはモロに下ネタだったのですが、合宿中に「乳首ＤＪ」という一発ギャグをやったら大ウケして、「猫の乳首ＤＪは面白い」と評判になって、僕の部屋の前に選手たちが並んだこともありましたから。やっぱり下ネタは万国共通なんですね（笑）。彼らとは、いまもFacebookでつながったりしていて、ずっといい関係が築けています。

カンボジア代表は選手村で毎日パーティー？

リオでは、ほかの選手と同じように選手村に入って生活をしていました。選手村には広大な敷地の中に大きなマンションがいくつもあり、選手たちはそこで寝泊まりします。ちなみにマンションは、大会後に一般に販売されているそうです。人数が多い国はその国だけでマンション1棟を借りている場合が多いのですが、カンボジアは人数が少なかったので、インドと北朝鮮と一緒。まあ、そうは言ってもインドの選手が圧倒的に多かったですが……。

カンボジアは男子と女子でそのうちの2軒を借りて、男子は8人で4LDKの1軒をシェア。広いリビングとキッチンが別にあったのですが、僕は水泳のプー・ソヴィチア選手（確か21歳でした）と同室でした。

男子マラソンは最終日だったのですが、プー・ソヴィチア選手はかなり早い段階で競技が終わっていたこともあり、それ以降は毎晩のように外出していて、遅いときは明け方に帰ってくることも。ちょうど僕の起床と入れ違いのときもあったりしました。若いから飲みにでも行っていたんだと思います（笑）。

また、カンボジアの選手がどういう風に過ごしていたかといえば、一番笑ったのが、部屋のリビングが広かったので、そこに外で使うバーベキューのコンロを持ち込んで、部屋の中で肉とかを買ってきてパーティーをしていました。それも、誰かの試合が終わるたびに。でも、男子マラソンは最終日だったので僕は1回も楽しめませんでした。旨そうな肉とかを食べていて、「猫も食べて」と言ってくれるんですが、レース前なので食べられませんでした（泣）。

レース前は食べ物のカロリーが気になりますし、何でお腹を壊してしまうかわからないじゃないですか。だから、生野菜は絶対食べないようにとか、いつも以上に気をつけていました。風邪をひかないように選手村ではいつもマスクをつけていましたし。

大会中の8月9日には、カンボジアの選手やスタッフがケーキを用意してくれているので、何かと思ったら僕の誕生日を祝ってくれたんです。ケーキも甘いし太るので少ししか食べられなかったですが、みんなで僕の39回目（猫だったら確実に2回は死んでいます）の誕生日祝いをしてくれたのはうれしかったです。ただ僕の誕生日は本当は8月8日で、なぜか1日遅れのパーティーだったんです。あまり細かいことは気にしないカンボジアらしいといえばそうなのですが、そのことは黙っておきました（笑）。

ちなみに、シェムリアップにいるカンボジアの友達たちも誕生日にＬＩＮＥでお祝いメッセージと一緒にみんなが写っている写真を送ってきてくれたのですが、その中に置かれていた僕の写真がどう見ても遺影みたいだったというか。酒を飲む口実に僕の誕生日が使われただけってことでしょうね（笑）。

選手村の食堂にて

選手村の広さは外周が約２・５キロで、カンボジアの棟から食堂までは歩くと1キロ弱くらいあったと思います。バスは24時間、５分間隔くらいでずっと走っていましたが、僕はいつも散歩がてら歩いていました。

歩いているといつも会う日本人の方がいたのですが、聞けば選手ではなくコカ・コーラの方で、２０２０年の東京五輪に向けて飲み物の提供方法などを見学しに来ていたということでした。何度も会っていると顔見知りになりますよね。すると、男子マラソンの２日前くらいに僕に向かってこう言うんです。

「そういえばマラソンいつ終わったんですか？」

終わってないし……。だから、「まだ終わってねえよ！」って突っ込んでやりました。僕はもう日本人じゃなくてカンボジア人ですが、そこは知っていてほしかった（笑）。

食堂は、東京ドームぐらいあるんじゃないかっていう大きさで、食事はライスだけでも白米、ジャスミンライス、ココナッツライスとあって、おかずも肉や魚などが何十種類も。サラダやパン、アイスからフルーツ、ピザまで何でも揃っていました。

基本はビュッフェ形式で、僕はもうかなり長く選手村にいたので、最後は目をつぶっていてもどれが口に合って、どれが合わないかがわかってきていました。

お米は臭みがあって、パサパサしていて美味しくなかった。唯一絶品だったのがパン。あとは、炭水化物として柄にもなくパスタをよく食べていたのですが、正直、味はイマイチでした。

日本食もあったのですが、たとえば豆腐の味噌汁の具が少なかったり。最初に行かないとただのミソスープで、完全に豆腐が足りてなかったですね（笑）。

食堂以外にもマクドナルドが入っていたり、銀行や郵便局、マッサージに病院、美容室に土産物屋、プールからジムまで何でも揃っていました。床屋も入っていたので、一度髪を切ってもらいました。もちろん、マックも床屋も無料だし、基本的にお金は一切かかりません。

そこでは多くの日本人選手とも会い、一緒に食事した選手もいました。テニスの錦織圭選手なんかもあんなに有名なのに選手村にいて、「あ、猫ひろしさんだ！」と声をかけてくれて。サッカーのネイマール選手とか超スーパースターになると選手村には泊まっていないケースが多いのですが、（ウサイン・）ボルト選手も錦織選手も普通に食堂で並んでご飯を食べていたからすごい画でした。

それと面白かったのが、卓球の福原愛選手。前からの知り合いだったのですが、食堂で会ったら「猫さん、ここで何してるんですか！」って驚いているんです。「何言ってるの、選手だよ！」と返しましたが、福原選手は海外遠征が多くて、僕がマラソンのカンボジア代表になったことを知らなかったんです。もうちょっと気にかけてくれよと思いましたが、そんな天然ぶりからもっと好きになりました。

選手村はやっぱり独特な空気がありましたし、選手やスタッフ以外はマスコミ関係者も入れないので、芸人ながら選手村に入れたことは僕の特権ですね。

選手村の施設は不備だらけ

大会前から話題になっていた通り、選手村は突貫で作られただけあって、工事が間に合っていなかったり、不備は山ほどありました。

ジムのサウナは開会式に間に合わず、オープンしたのは開幕から5日くらい経ってからでしたし、シャワーでは疲れが取れないと思ってジャグジーに行ったら水が溜まらなくて、結局最後まで使えませんでした。

僕は冷水と温水で交代浴をしたくて、よくプールに行っていたのですが、あるときウォーム（温かい）プールでスウェーデンの選手が急に悲鳴を上げたんです。何かなと思ったら、プールの水温が53・9度でした。そりゃ悲鳴も上げます（笑）。万事がそんな感じで、いったい選手の体をどう思っていたのか疑問です。

洗濯をすべて頼めたのも助かったのですが、洗ってもらうだけのと乾燥までお願いする2パターンがあり、僕はいつも「ドライ」と言っているのに、なぜか「ウェット」で返ってくるんです。また、部屋のトイレでオシッコしていたらトイレの電球が上から急に落ちてきたこともありました。コードがついていたので、僕の頭上ギリギリで止まりましたが、もしボルト選手だったら大変なことになっていたはずです。僕の身長は147センチですが、ボルト選手は195センチもありますから（笑）。

トイレといえば、選手村の周回コースでジョギングをしていた際に、急にお腹が痛くなってトイレに行ったら、まず入った個室は便座が盗まれていてなかった。そして、別の個室に入ったらこんどはカギが壊れていて、結局用を足せませんでした（笑）。

それから部屋が暑かった際にクーラーをつけようと思ってリモコンのボタンを押したのですが、いくら押してもつかないのでよく見たら、そのクーラー、ちゃんと配線されていないというか配管がまったく見当たらなくて、ただのでかいオブジェだったんです（笑）。

ブラジルでは本当に何が起きるかわかりませんが、芸人の僕にとってはそうしたピンチも、逆にチャンスと思い、選手村で困ったことがあればそれをツイッターのネタにしていました。そうしたら、オリンピック期間中にツイッターのフォロワー数がバンバン増えていって、それまでの2万人から一気に5万人を超えたんです。周りの人からも面白いと言われ、評判はよかったんです……。

でも、オリンピックが終わった瞬間にフォローを外されてしまい、また逆戻り……。普通そんなにすぐ外しますかね（笑）。

ウサイン・ボルト選手との記念写真

リオ五輪には世界中のアスリートが参加していましたが、やはり一番印象に残っている選手といえばボルト選手ですね。

ボルト選手とは食堂で会ったのですが、まさかあれほどの選手が選手村にいるとは思っていませんでした。バレたくなかったのか、ジャージのフードを深くかぶっていたのですが、ジャマイカのジャージを着て、体も大きかったのでバレバレでした……(笑)。僕自身、街中でスマホや携帯で隠し撮りされるのがあまり好きではないのですが、やはりボルト選手を目の前にすると一緒に撮りたくなっちゃいますよね。ただ、食堂で食事中に話しかけたりするのはNGという暗黙のルールがあったので、僕はすでに食事を終えていましたが、ボルト選手が食べ終わるまで何度もヨーグルトをおかわりしながら待っていたんです(笑)。

しばらくしてボルト選手が立ち上がると、まずニュージーランドの女性の選手が寄っていって写真を撮っていたので、僕も急いで参戦しました。すぐに何人か集まってしまい、一人ひとり対応してもらうのが難しかったので、ボルト選手をバックに自撮り。でも、緊張でブレブレでした(笑)。

ボルト選手は茶目っ気があって、何人か集まってきたら手や足を上げて逃げる素振りをするんです。そしたら逆にみんなが集まってきて、最終的には各国の選手が200人くらいはいて、ちょっとした騒動になっちゃったんです。

ボルト選手との1枚は貴重で、宝物です。ただ、実は僕、前にスポンサーのイベントでボルト選手と会ったことがあったのですが、当然のことながら全然覚えてくれていなかったですね（笑）。

コンドームはガチャガチャを回す

オリンピックではコンドームが何個配られていたとかといったこともニュースになっていましたけど、実際に選手村では至るところに置いてありました。

しかも、オリンピックには約1万500人の選手が参加したようですが、35万個も配られたとか。

どういう風に配られるかというとガチャガチャなんです。ガチャガチャが選手村の食堂やトイレなどに設置されていて、それを回すと出てくるんです。僕は長い間選手村にいたので、見るたびに回してお土産に300個くらい持って帰ってきました。おそらくこの数字は金メダルでしょうね（笑）。

それにしても、みんな僕がガチャガチャを回しているとニヤニヤと笑うんです。何でですかね。

コンドーム自体にオリンピックのマークとかはついていないのですが、もちろん非売品の限定品です。面白いのはやっぱりサイズ感で、日本のコンドームと比べるとかなり大きめなんです。帰国後、ライブでどれくらい大きいかを見せるため風船みたいに膨らませてみたら案の定、ウケました。ただ、それを風船にして家で5歳になった娘とサッカーをしていたら、嫁がやってきて僕の耳元で「オマエ、八つ裂きにするぞ」ってキレられました（笑）。

コンドームはオリンピックでは1988年のソウル大会からエイズなどの予防目的で置かれていると聞きました。でも、実際選手同士で使っている人なんているのかなと思っていたのですが、いたんです！　僕はレース前だから禁欲ということで選手村では何もかも禁止していたのに……。

マラソンのスタートは朝9時半だったので、僕はレースの1週間前から当日と同じリズムで生活し、スタートの4時間前には朝食を食べるので、4時半に起きて5時には食堂に行っていたんです。その帰り道です、5時半くらいでまだ空は薄暗く、選手村も静かだったのですが、明かりのついている部屋がいくつかありました。忘れもしません、そのうちの1つのベランダで、女の人を真ん中に男の人が両脇にいて何かゴソゴソしてるんです（笑）。

こっちはもう大事なレース前で禁欲中です。頭ではわかっていたのですが、咄嗟《とっさ》にもう1人の自分が「おーい、オレも交ぜてくれ！」みたいなジェスチャーをしていました。すると、それを見ていた拳銃を持った警備員に睨《にら》まれてしまい……。これ以上不審な行動をしていたら撃たれるなと思い、奥歯を噛みしめながら部屋に帰りました（笑）。

開幕から閉幕3日後までリオにいたカンボジア代表

カンボジアチームは日本などのように種目や競技ごとに細かいグループで行動することはなく、基本全員同じ日にリオに入り、同じ日にカンボジアに戻りました。そして、おそらく出場したどの国よりも長く選手村にいたのがカンボジアなんです。

リオ五輪は2016年8月5日に開幕しましたが、カンボジアチームは約1週間前の7月29日に現地に入り、大会が終わったあともなぜか3日間も選手村にいたのです。普通の選手は自分の競技の1週間ほど前に入って競技が終わったら帰りますから、最後の3日間は本当に謎でした。選手村にいる限りは宿泊費も食事もすべて無料ですし、僕が勝手に思っているのですが、カンボジアの人たちのことですから、可能な限り満喫しようとしたのかもしれません（笑）。

ただ、僕はそのおかげで開会式も閉会式も両方出ることができました。

それにしても、ブラジルはよく日本の真裏にあるなんて言われていますが、リオデジャネイロまではリアルに遠かったです。

カンボジアの首都プノンペンからトランジットでバンコク（タイ）→ドバイ（UAE）を経由し、30時間近くかかりました。飛行機はもちろんすべてエコノミーです。

日本とリオの時差は12時間ですが、カンボジアだと10時間。飛行機の中では日本語の映画もあったので、映画館と勘違いしたのか立て続けに4本くらい観ちゃったんです。そしたら、わかりやすい時差ボケになってリオに着いてから熱が出て、下がらなくなりました。

ひょっとしたら蚊に刺され流行のジカ熱にでも感染したかと心配になりました。だって、もしジカ熱でオリンピックに出られないなんてことになったら、すごいカッコ悪いじゃないですか。それでリオには頼れる人もいないし、慌てて日本のお世話になっているスポーツドクターに国際電話をしたら、先生がこう言うわけです。

「猫さん落ち着いてください。それ病気じゃなくて〝年〟です」

ただの年って言われ冗談かと思いましたが、2日くらい練習を控えたら嘘みたいに熱は下がりました。悲しかったですが、本当にただの年だったんです（笑）。

リオ五輪のお土産は掛け布団？

開会式ではカンボジア選手団の一員として、紫色のユニフォームを着て行進しました。最初は目立とうと思って、よくビートたけしさんがかぶる馬のお面でもかぶって盛り上げようかなと思っていたのですが、それはマネージャーに怒られてしまいやめました。結局小さいカンボジア国旗だけ持って、普通に出席。テレビカメラだけはちゃんと意識していたので、知り合いからは「映ってたよ」とか「笑顔だったよ」とか、かなりの反応がありました。ただ、開会式の入場はアルファベット順で、「C」から始まるカンボジアはかなり早かったので、入場してから相当待ちました。正直、長かったです(笑)。

閉会式は、マラソンを走った日の夜で、足を引きずりながら出ることになりましたが、〝安倍マリオ〟も目の前で見ることができました。

ブラジルらしくサンバが流れていたりして盛り上がり、途中でほかの国のかわいい女子選手から「マラソン見たよ。カンボジアの選手だよね。一緒に写真撮ろう」なんて言われて、ひょっとしてロマンス到来!? かと思いましたが、単に僕が持っていたカンボジアのピンバッジが欲しかっただけみたいでした（笑）。

オリンピックに参加している選手の間では〝チェンジピン〟といって互いの国のピンバッジを交換することが流行っていて、それがほかの国の選手と話をするキッカケにもなっていたんです。閉会式が終わったあとも、何か出会いがあればと選手村をいつもより多めに歩いて帰りましたが、ただ疲れただけでした（笑）。

閉会式も開会式同様に長くて、終わって帰ったらもう深夜。それでも開会式とは違い、閉会式はオリンピックのマラソンで完走するという目標を達成できたあとだったこともあって充実感がありました。

閉会式の翌日は、カンボジアチームのみんなで、リオの代名詞ともいえる大きなキリスト像の立つコルコバードの丘に観光に行きました。そのあと、カンボジアの若い選手などは、コパカバーナビーチ（リオを代表する有名なビーチ）に行ったりしたみたいですが、僕はさすがにマラソンを走った翌日で足のマメも潰れていて、疲れもかなり残っていたのでキリスト像だけ見て選手村に戻りました。

だからビキニの女の子はもちろん海もまともに見てないですし、リオに一番長く滞在しておきながらまったくブラジルを満喫していないんです（笑）。

リオに入ってからマラソンの本番までは時間がありましたが、大会前には警察官らが給料未払いに対する抗議デモを行い、一時空港に「WELCOME TO HELL（地獄へようこそ）」って横断幕が出されたというニュースを見ていましたし、治安がすごく悪いと言われていたこともあったので、ほとんど選手村から出ませんでした。街に出たのは、女子マラソンの応援に行ったときと、一度コースの下見に行ったときくらいでした。

ちなみにコースの下見の際は治安のこともあって車で行ったのですが、リオの街は大渋滞で走れば2時間ちょっとなのに5時間近くもかかったんです。

車なのに、走るより遅いってどういうことなんだって思いましたが、マラソンの会場（スタート＆ゴールのサンボドロモ）の周辺は普段は自転車でも通れないめちゃくちゃ危ないエリアだと聞いていたので、車が立ち往生でもしたら生きて帰れないんじゃないかとドキドキしていました（笑）。

選手村を出るときは、のぼりや看板などが外され始めていて、かなり寂しい雰囲気でした。そんななか部屋で、帰りの身支度をしていたら、みんなスーツケースに「Rio2016」とオリンピックのマークのついている布団を詰めているんです。

さすがにそれはマズイと思って「そういうことは、やめようよ」と言ったのですが、どうやら話を聞くともらってもいいらしいんです。だから、僕も現地で使っていた掛け布団をお土産にもらってきました。スーツケースはすでにパンパンだったので、リオからカンボジアまで手荷物で持って帰りましたが、これだけは最終日までいた選手の特権だったかもしれません（笑）。

そのほか、出場した選手は現地で使えた五輪スポンサーのサムスン製のスマートフォンや参加記念の楯などがもらえました。

マラソンの〝3大にゃい〟

リオ五輪のマラソンを振り返り、改めて強く感じたのは、現実は厳しいということです。中島コーチはよく、マラソンの〝3大にゃい〟として、「マラソンにまぐれはにゃい、嘘はにゃい、走った距離は裏切らにゃい」と言っていますが、まさに実力通りの結果というか、オリンピックとはいえ不思議な力は働かず、実力以上のものは出ないということを痛感しました。必死に練習してきたのにタイムは自己ベストにも遠い、2時間45分台だったわけですから。

マラソンを沿道で応援してくれていた陸上男子5000メートルと1万メートルの代表だった村山紘太選手（旭化成）は、僕が走っているときでも声をかけられるとガッツポーズなどを返していたのを見て（リオでは「ニャー」はスタートとゴール以外は封印していたのですが……）、「やっぱり猫さんはランナーの前に芸人だから、声をかけられると何か反応しないといけないから大変ですね。もしあれがなければもう少し速く走れたんじゃないですか（笑）」などと言ってくれました。

もしかしたら遠回しにそんなことやっている場合じゃないと言ってくれたということかもしれません。でも、僕には持論があって、調子が良いときこそそういうことをする余裕があるんです。実際に２０１５年の東京マラソンで自己ベスト（２時間27分48秒）を出したときも、途中で「ニャー」を連発していましたから（笑）。そういう意味で、途中で「ニャー」が出なかったリオは、余裕がなくキツかったんだと思います。

先輩の芸人からも、冗談で「オマエ、ゴールしたあとギャグをやったり、踊ったりしている余裕があるなら、もっと速く走れたんじゃないか」とも言われましたが、あれはデザートと一緒で〝別腹〟なんです（笑）。

ただ、ゴール後にギャグをできたのは、僕がブービーで、すぐに最下位の選手もゴールしていたからなんです。もしもう少し前にゴールしていたら、僕の性格上、ほかの選手に迷惑がかかってしまうと考え、できなかったと思います。だから、結果的にブービーだったのがよかったのかもしれません。

金沢で師匠からかけられた言葉

2時間45分55秒というタイムには納得のいっていない自分もいました。だからオリンピックが終わってからも、もう少し速く走れたんじゃないか、そう考えてしまうこともありました。それでも、リオ五輪が終わり、少し経った頃に金沢で偶然会った島田洋七師匠に言われた言葉に少しだけ勇気づけられました。

営業先の金沢でパン屋に入ったとき、店内に日焼けをした、いかにもゴルフが好きそうな社長さんみたいな人がいて、よく見たらなんと洋七師匠だったのですが、師匠は僕を見つけてこう言うんです。

「おう猫！　オリンピックお疲れさま。で、タイムどうやった？」

僕は下を向きつつ2時間45分55秒で、ビリから2番目だったことを告げました。

すると、こう続けるんです。

「トップと30分しか変わらんやないか。30分なんて、人生にしたら一瞬やで！」

正直、すごいいい加減だ！（笑）と思ったんですが、一方ですごいスケールが大きいというか、いつまでもウジウジしていた自分がバカらしく思えてきたんです。

師匠のその言葉に、元気をもらい、僕もいつかは、『佐賀のがばいばあちゃん』ならぬ『猫のガバイマラソン』みたいな本でも書いて、一発当てたいなと思いました（笑）。

それにしても、オリンピックの選手村に1カ月弱も滞在できたことは特別な経験でした。毎日ツイッターに上げていた選手村ネタがYAHOO！ニュースなどに取り上げられていたのは不思議な感じでしたし、男子マラソンは最終日だったので一切仕事もせず、最初は長いなと思うこともありましたが、一定の緊張感がありましたから。

選手村の中では、ちょっと歩けば世界中のトップアスリートが目の前で練習しているところが見られるんです。しかも全部タダ（当たり前です）。ジャンプしている姿や、体つきを見るだけでも、本物は違いましたし、すごい刺激になりました。きっと年を取っても思い出すんだと思います。

それから実は、毎日走りながら「日本人選手には、まじめに練習しているところを見られたくないな」と思っていました。そんなこと考えちゃいけないのかもしれませんが、やっぱり芸人なんで、そこは恥ずかしいというか……。

とにかく、すべてが非日常でしたし、最後は「ああ、もう終わっちゃう」って寂しい気持ちになりました。

第二章

芸人である僕がマラソンを始めた理由

練習しないで1位になったマラソン大会

僕が初めてマラソンが得意だと自覚したのは、中学生の頃です。いろいろな部活の選手が集まって学校の外周を回る練習があったのですが、なぜか卓球部の僕がいつも1番か2番だったんです。それと体力測定で〝踏み台昇降〟をやったときに、僕の脈の戻りが通常の人より早かったようで、国際武道大学出身の先生に「タキザキ、オマエマラソンやった方がいいよ」と言われたのを覚えています。ただ、そのときは「へぇー」って感じで、深くは考えていなかったんですが。

初めてマラソン大会で1位になったのは高校2年のとき。毎年3月にあった10キロの校内マラソン大会で、高校1年のときはまったくやる気がなくて350人中300位ぐらいだったのですが、走るのに自信が出てきたことや友達から「1位になったらウケるよ」なんて言われたこともあって、まじめに走ったらぶっちぎりで1位になったんです。しかも、歴代の優勝タイムを更新！

普通ゴールしたら、ガッツポーズとかするじゃないですか。でも、何かそのときは恥ずかしくてできなかった。そしたら、先生に「やり直せ」と言われて、2位の選手とあまりに差があったのでゴールしたあとにパフォーマンスをやり直す時間までありました（笑）。練習なんて全然していなかったのに……。

その優勝をキッカケに先生や友達から「陸上をやった方がいい」と言われましたが、僕は卓球を続けたかった。なぜなら、当時の僕は箱根駅伝さえ知らなかったし、走ることにまったく興味がなかったんです（笑）。ただ、陸上をやると進学にもいいと先生に説得され、高校3年の春に卓球部に所属しながらしぶしぶ陸上部の記録会に駆り出されることになったんです。

いよいよオリンピアンに向けて大きな山が動くと思っている方もいるかもしれないですが、僕の通っていた千葉県の市原八幡高校は名門でも何でもない普通の高校。千葉県には市船（体育の名門の市立船橋）など全国レベルの強豪校も多く、記録会は空気が違うんです。全員がランニングシャツにランニングパンツで本気のランニングシューズを履いていますから。そんななか僕だけ、3年C組瀧﨑邦明と書かれている体育着を着て、兄貴のお下がりのサッカニーのスニーカーです。陸上部じゃなかったからユニフォームもランニングシューズもなかったんです。

何キロ走ったかはもう覚えていないですが、とにかく周りのみんなはめちゃくちゃ速かった。それに、僕の後輩があと何周か途中で教えてくれていたのですが、それがラスト1周を間違えていて。だから最後はもうボロボロで、途中で転んだヤツもいたのですが、そいつにも負けて、もう完全に笑いもの。そのときは、もうマラソンなんて絶対走らないって誓ったほどでした。

オールスター感謝祭で4回優勝

僕が、芸人としてマラソンを始めることになったキッカケは、2005年の秋に、初めて出演した、TBSの「オールスター感謝祭」でした。

芸人としてワハハ本舗に所属し、少しずつテレビにも出られるようになってきた頃に、どうしても出たいと思っていた番組が、毎年春と秋にやっている「オールスター感謝祭」だったんです。

当時の僕はテレビに出られるようになったといっても、1分くらいのネタで台風みたいに番組を荒らして帰っていくだけの芸人でした。でも、感謝祭の名物コーナーになっていた「赤坂5丁目ミニマラソン」に有名なタレントさんや芸人さんに交じって出場して1位になれば、ずっと画面に抜かれるからおいしいなと思ったんです。

当時は練習などまったくしていなかったですが、走れば芸能人には絶対負けないだろうし、1位を取れる自信がありました。マネージャーは僕が本当に走るのが速いかどうかは半信半疑だったみたいですが、とにかく感謝祭のプロデューサーにプッシュしてもらい、出られるようにお願いしてもらったんです。

ただ、出る前から僕が「速いですよ！」と言いすぎてハンデが予想以上についてしまったことで、順位は5位止まり。それでも、アナウンサーの方が「これは誰だ！　猫ひろしだ！　猫まっしぐらだ！」と言って盛り上げてくれたおかげで、その後はマラソン関係のお仕事をたくさんいただきました。優勝はできませんでしたが、芸人として走りを売りにするという点では、一応、作戦成功という感じでした（笑）。

その後も、感謝祭には何度も出させていただいて、08年の春に初優勝し、11年春・秋、13年秋と、合計4回も優勝しているんです。最近は僕があまりに速くなりすぎたことで嫌がらせとしか思えないハンデがついて、これでどうやって勝つんだって感じにさせられていますが……（笑）。

初めての東京マラソンでサブ4を達成

オールスター感謝祭の「赤坂5丁目ミニマラソン」で、走るのが速いというイメージがついてきたことで、マラソンの仕事が増えてきました。

そんななか、２００８年2月17日に日本テレビの番組の企画で、第２回東京マラソンに出場することになりました。

このとき、猫ひろし30歳。初めてのフルマラソンでした。

実は、その少し前に別の企画で20キロを走ったときに、乳首にワセリンを塗った方がよいことも知らずに走ったら、乳首が擦れてすごい出血したことがあったんです。そのときはフルマラソンなんて絶対無理だと思っていたのですが……。

日テレからは「猫さんが速いのはわかっているので、多くの芸能人が走りますが、絶対1位を取ってください」とプレッシャーをかけられ、そのとき初めてコーチをつけることにしました。

それでオールスター感謝祭でお会いした際に谷川真理さん（元女子マラソン選手）に「ウチのジムに来たらもっと速くなるよ」（お世辞だとは思ったのですが……）と言われたことを思い出して、谷川さんを育てた中島進コーチを紹介してもらい、お願いすることにしたんです。

それが、本格的にマラソンに取り組み出したキッカケでした。

中島コーチはすごく穏やかな方で、僕にはちょうどよかったんです。僕は怒られるのが大嫌いで褒められると伸びるタイプですから。

中島さんは僕以外にも、タレントの長谷川理恵さんらのコーチをしていたことがあり「こんなにまじめに距離をしっかり走るのは長谷川さんと猫さんぐらい」と言ってくれたり。そう言われると、ちゃんと走るしかないじゃないですか。それで、みっちり練習してレース前に中島さんから「4時間は切れる。でも、絶対に飛ばさないように」と言われたんです。

実際、初マラソンを走ってみたら3時間48分57秒でサブ4を達成。もちろん、芸能人では1位になりました。よく初マラソンの際に30キロの壁があると言われますが、ゴールしたら意外と余裕もあって「これは練習すれば、もっと伸びるな」というすごくいい感触があったんです。

ただ、タイムよりすごかったのは3時間48分で走ったのに、その間に4回もトイレに行ったこと。しかも、そのうち1回は〝大きい方〟ですから。もしそれがなかったら、たぶん世界記録が出ていたんじゃないかって、いまでも思っています（笑）。

それ以降、東京マラソンは出られる限り走っているのですが、あるとき事務所にこんな電話がかかってきたというんです。

「猫ひろしは、なんで毎年東京マラソンに出られるんだ！（怒）」

東京マラソンって最近は抽選の倍率も高くて、なかなか出るのが難しいんです。そこで、猫ひろしはなんで毎回出ているんだ！　何か不正でもしているんじゃないかっていうことだったのですが、僕、最初の頃はホントに抽選で応募して受かっていたんです。

初めて走ったときも、日テレから話がありましたが、その前に一般で応募して受かっていたんです。

あと、10万円以上の寄付をするとチャリティーランナーとして走ることもできますし、僕もチャリティーとして参加したことがあります。

最近は、カンボジア人としてベストタイムが2時間半を切っているので、外国人準エリート枠として走らせてもらっています。これだとスタートもいい位置からできるんです。もちろん、参加費はちゃんと払っています。

一切不正はありません。これだけは言わせてください。

サブ3を達成したレースで、ランション

サブ4のあとは、目指すはサブ3。中島コーチからも「芸人やタレントさんで3時間切った人はいないから、切ればきっと仕事にもつながる。猫さんならできる」と言わ

れて、どんどんマラソンにハマっていきました。

翌2009年の東京マラソンは絶対3時間切れると思っていたのですが、スタートから飛ばしすぎて終盤でバテてしまい、3時間18分52秒。ある意味で、マラソンの厳しさを教わりました。ただ、マラソンは厳しいなと思ったことで、さらにやる気になった部分もありました。

そして、2010年の東京マラソン。このときもテレビの企画で、「3時間を切らなければ、芸名を本名の瀧﨑邦明に変更する」という過酷な条件の中だったのですが、何とか2時間55分45秒で3時間を切れました。だいたい瀧﨑邦明なんて文豪みたいな名前で「ニャー」とか言っても面白くないですし、もしそうなったら死活問題ですから。

これはいまだから言える話ですけれど、実はそのとき〝ランション〟しているんです。当日は気温2度と極寒で、雨も降っていました。僕は背が低い分、上半身が短いのでレース前に取った水分がみんなより早く出ると思うんです。だから、開始10キロでトイレに行きたくなり、20キロで我慢できなくなってしまったんです（笑）。

そのときちょうど元マラソン五輪代表の宗猛《そうたけし》さんの息子さんで、元実業団選手の宗洋和くんが隣を走っていて、宗くんに「オシッコしたいんだけどトイレに行っても3時間切れるかな」と聞いたら、「絶対無理です。マラソンをなめないでください」と言われてしまいました。僕的には逆算しても3時間切れると思っていたのですが、宗くんはこう言ったんです。

「猫さん、雨の降っている寒い日に途中でトイレに行ったら、体が固まって、絶対に3時間切れなくなります。猫さん、〝ランション〟してください！」

最初は〝ランション〟って何かと思いましたが、ランナーの中ではランニングしながら小便することを略して〝ランション〟っていうらしいんです。まさかあんな有名ランナーの息子さんに、公然わいせつ罪を促されるとは思ってもいなかったですが、いきなり言われてもすぐにできないじゃないですか。

それでも、宗くんはこう続けるんです。

「猫さん、こんなのトップランナーなら普通にやっていることだし、雨も降っているのでオシッコしても絶対にバレません。恥ずかしいことじゃないんです。みんな練習とかでも普通にやっていますからやってください」

説得されて、仕方なく初めてのランションに及んだのですが、これがなかなか難しい。走りながらオシッコをすると、いつもと違って力の加減がわからないんです。なので蝉《せみ》みたいに4回くらいに分けてチョロチョロと初ランションしました。そしたら、最後にランションじゃなくて10円玉くらいの〝ラン糞〟が出てしまったんです（笑）。

小さいとはいっても感触で自分ではわかります。固形物だし、放っておけば臭いも出るし、ヤバい。妙にかばいながら走ってもタイムが遅くなってしまいます。そこで思いついたのが、冬でちょうど手袋をしていたので、その手袋をトイレットペーパー代わりにすること。誰にもバレないと思って、拭いて路肩に捨てました。でも、それがまた間が悪くて、近くを走っていた大学生ランナーが良い子だから、「猫さん、手袋落としました。拾っておきますね」って言うんです（笑）。そのときはさすがに温和な僕も「理由は聞くな。いいから、そのまま捨てとけ！」と叫びました。

中島コーチの厳しいトレーニング

２００８年2月の初マラソンのタイムが3時間48分57秒、そこから15年2月に2時間27分52秒の自己ベストを出すまで、約7年で1時間20分以上も縮めたわけです。これは「こだま」「ひかり」「のぞみ」と進化してきた東海道新幹線よりも、僕の歴史の方がすごいんじゃないですか。なんか「こだま」「ひかり」「のぞみ」「ひろし」みたいでいいですね（笑）。

マラソンはあるレベルまでは、練習した分だけタイムに反映されるので、どんどんのめ込んでしまう面がありますが、僕の場合は中島コーチの存在も大きかった。

僕はとにかく怒られるのが嫌いなのですが、中島コーチはとにかく乗せるのがうまいんです。練習メニューは1カ月ごとに送られてくるのですが、連絡はまるで恋人同士みたいに毎日、数時間置きで、正直嫁より多く連絡を取ってました。

元々中島コーチの考え方は、元日本陸連科学委員長でスポーツ科学（陸上）やトレーニング科学を研究していた、東京大学の小林寛道名誉教授が提唱する理論に基づいていて、マラソンを速く走るためには、主に①フォーム②筋力③スピード④心肺機能の4つを強化する必要があるということなんです。

中島コーチはいまのようなマラソンブームが来る前から、ランニングに特化した科学的なトレーニングを行うスポーツ総合施設「ハイテクタウン」を運営し、多くのランナーを育ててきています。

中島コーチは年の割に、若くてオシャレなので「若い頃は女性を騙していたでしょ？」なんてよく言われると自分でも冗談を言いますが、実はかなりの天然なんです。だってビュッフェ形式の食事のことを、いまだに「バッフェ」って言ってますから（笑）。

練習メニューが突如変更されることもあって、理由を聞くと単なる勘違いだったってことも（笑）。ただ、天然で、性格は優しいんですが、中島コーチの練習メニューはめちゃくちゃ厳しいんです。

たとえば、リオ五輪の前には6月12日にカンボジアのプノンペンでハーフマラソンを走ったあと、6月19日に長野県の蓼科《たてしな》で日本一アップダウンが多いと言われているビーナスマラソンin白樺高原というレースに出たのですが、当日になって「ハーフを2周!」と言うんです。「その方が絶対強くなるから」と言われても、当日に言いますからね。意味がわからないです（笑）。

僕も言われたら「NO」とは言えない性格なので走りました。1周目は1位だったので、すぐに2周目をスタート。そしたら、コーチはギャラリーに向けて、「実は猫さんはあと1周走ります」とニコニコしながら言っているんです。

僕は2周目を走り出しましたが、一般のレースは終わりかけていてコースでは片付けが始まっていました。だから、折り返し地点もわからないし、給水もない。仕方ないので、何とかダッシュで周回遅れの学生に追いつき、その学生が持っていたドリンクを「くれっ!」と言ってもらって全部飲み干しましたが、ほとんど盗賊です（笑）。走りながら中島コーチはなんて〝鬼〟なんだろうと思っていました（笑）。

また、15年の東京マラソンで自己ベストの2時間27分台を出したときは、3週間前に最後の40キロ走を予定していたのですが、その日は朝起きたら雪が降っていたんです。

中島コーチの持論は、マラソンは雪が降っても雨が降ってもやるスポーツということですが、さすがにその日は天候不良で中止になると思い、「今日どうしますか?」って連絡したら「何言ってるの。やるよ!」って言うんです。

そう言われたら、やるしかない。いつもはランナーでいっぱいの皇居の周りも、さすがにその日は貸し切り状態でした。練習は後輩の元陸上部芸人のバカンス石川に付き合ってもらったのですが、バカンスは最初の3キロで雪に加えての強風に耐え切れず、タイムが大幅に遅れて棄権。そしたら、20キロ過ぎたあたりで中島コーチも「中止! 中止!」って言い出したんです。

「何でですか?」と聞いたら、「寒いから」と言うんで、そのときは勝ったと思いました。でも、中島コーチも負けず嫌いだから、そのあとは屋内の低酸素室で20キロ走やるって言い出して。正直、雪の中すでに20キロ走っていたので、ありえないと思いましたが、僕も意地で何とか走りました。そしたら「よく走った。マラソンはとにかくやり切ることだから」って言うんです。最初に寒さに耐え切れずに中止したのはコーチなんですけどね(笑)。

もちろん、中島コーチは僕の本業が芸人だということをちゃんと理解してくれているので、仕事が入ったときはトレーニングも臨機応変に対応してくれます。ところが、仕事が終わって連絡すると、すでに深夜なのに「いまから30キロ走やってください」とか平気で言うんです。

それから、40キロ走をやっていてラスト1キロとかになると、めちゃくちゃキツいんです。そんなとき中島コーチは並走して、「辛いのは猫さんだけじゃない。みんなキツいんです。ここで苦しくても乗り越えないと。人生もマラソンも同じです」とか言ってきて、もし女だったら絶対好きになるなみたいな（笑）。すごく疲れているときに良いことを言うんです。

「忍耐は苦しいけど、その実は甘い」というのは中島コーチが好きな昔の哲学者の言葉なんですけど、なんか苦しいときに言われるとすごく効くんです。

ちなみに、中島コーチが代表を務めるハイテクタウンのジム（ハイテクスポーツ塾）には、低酸素室や高速トレッドミルのほか、カンド君（小林寛道名誉教授が開発した認知動作型スプリントトレーニングマシン）、マリノ（車軸移動式自転車型スプリントパワートレーニングマシン）、ドリームハンター（空気の力で体を持ち上げ、限界を超えた走りが可能になるトップアスリート向けの強化マシン）といった筋肉を強化できるすごい器具が揃っていて、僕のトレーニングを助けてくれました。もしそれらがなかったら、僕のタイムもここまで伸びることはなかったかもしれません。

第三章

芸人初のオリンピック出場を目指す

堀江貴文さんとの出会い

オリンピックを目指すキッカケになったのは2009年の夏にゲストで出た堀江貴文さんのインターネットテレビ番組「ホリエモン　想定外のなんでお前なんだよ!!」(DMM.com) でした。

番組のMCが堀江さんで、ゲストが僕。番組は、堀江さんが僕の再ブレイク計画を考えるというコンセプトで進みました。

それまで堀江さんとほとんど面識はなかったですし、最初に呼ばれてそのコーナーが「猫ひろし再生計画」だと聞いたときは、一瞬「何だよ」って思いました。元々、テレビなどで目にしていた堀江さんには、なんか過激な考えを持っている人、ちょっと危なくて新人類みたいなイメージがありましたから。

ただ、実際会って話してみたら、人間味があって優しい人でした。話す内容も的を射ているものが多く、テレビで見ていた印象と違いました。

しかも、よく考えてみたら僕は「まだ一発も当ててないんじゃないか」と思ったり(笑)。だから、逆にうれしいというか、いったいどんな企画なのかなと思いました。堀江さんも僕のギャグが好きだったみたいですし。

当初、この計画はマラソンありきの話ではありませんでした。

「ホリエモンと猫ひろしが組んでM-1グランプリに出場」

「選挙に出る」

「ツイッター芸人としての立場を確立」

「24時間テレビのマラソンを勝手に逆走」

「東大を受験する」

「寺（または神社）芸人を目指す」

いろいろな選択肢を挙げて、番組を盛り上げていただけで、その中の1つに「国籍を変えてオリンピックに挑戦」というのがあったんです。国籍の変更先もカンボジアに決まっていたわけではなく、マラソン途上国でトンガなどいくつかあった中の1つがカンボジアだっただけでした。

そのときは国籍を変えるなんて想像もしていなかったですし、深く考えないまま、番組は終わりました。

一方でその後も僕の中で、国籍を変えてオリンピックに出られたら面白いかもというのが頭に引っ掛かっていて、後日事務所でマネージャーと本当にやったらどうかという話をしました。そこで、ちょうど堀江さんのインターネット番組のスタッフにカンボジアにパイプのある渡邊裕子さんという方がいたので、相談してみたんです。

渡邊さんは、カンボジアに人脈があり、ホテル経営などにも関わっていて、「もし興味があるんだったら一度仕事抜きでプライベートでカンボジアに来てみませんか」と言ってくれました。それが、具体的に話が動き始めたキッカケでした。

渡邊さんはその後「カンボジアドリーム」という会社まで作られ、いまではカンボジアに住んでいるほどです。カンボジアで練習するときは、あとで出てきますがビサールという現地コーディネーターと僕、それに渡邊さんで一緒にいることが多かったです。

渡邊さんにはレース前に、食事の準備をしてもらったこともありますし、カンボジア人になってオリンピックを目指すと決めたときから、実際にリオ五輪で走り終えるまでずっとお世話になっていました。

ところで、堀江さんとは最初に番組でご一緒させてもらって以来、しばらく連絡は取り合っていなかったのですが、リオ五輪への出場が決まったときは連絡をくれて、本番は現地まで応援に来てくれました。ゴールの瞬間は会場で見てくれていて、レース後にカンボジアコールが沸き起こったのを見て、感動してくれたようなんです。

自分の番組に出た芸人が、単なる企画のネタで「国籍を変えてオリンピックに挑戦」

と言ったら、それを実際に行動に移して、達成してしまったのを面白いと思ってくれたんですかね。しかも、一度ロンドンでダメになったにもかかわらず、リオでもう1回挑戦しているわけですから（笑）。

それで「これは絶対に映画にした方がいい」と言ってくれ、僕の〝カンボジアへの国籍変更からリオ五輪完走までの道のり〟を描く映画のプロデューサーをしてくれることになったんです。

初めてのカンボジアでいきなりトライアスロン出場

それまで、カンボジアといえばポル・ポト政権時代に大虐殺があったとか、正直、地雷が埋まっているような暗いイメージがありました。

でも、最初に行った世界遺産のアンコールワットのあるシェムリアップの空港に着いた瞬間から人も多くて、活気があって、想像していた場所と全然違いました。もちろんシェムリアップは観光地なので特別かもしれませんが、とにかく接する人たちがみんな優しいんです。

そのうちに知り合いの方がレースの話を持ってきてくれたのですが、よく聞いたらマラソンじゃなくトライアスロン（アンコールワット国際トライアスロン大会）だったんです。ちなみに僕はカナヅチです（笑）。しかし、もうエントリーしてしまったということだったので出ることに決めました。完全に付け焼き刃ですね。

出場が決まってから恵比寿の自転車屋でトライアスロン用の自転車を借りたり、江東区のプールに行って水泳の練習をしたり。ただ、カンボジアのトライアスロンは現地に行ったらかなり様子がおかしかったんです。

最初に水泳は海ですると聞いていたのですが、それが会場まで遠すぎるという理由で湖に変更になると、こんどはその湖が汚いということでプールに変更になったんです。プールは100人くらい一気に入ると狭くて大混雑。確か距離は25メートルプールを12往復（600メートル）だったと思いますが、僕はふらふらになりながら、タレントの内山（信二）くんみたいな太った女の子と熾烈なデッドヒートをすることになりました。それを見たスタッフが溺れていると思って手を差し伸べてきたのですが、もしスタッフの手に触れていたら失格になるところでした（笑）。

何とか泳ぎ終え、次の40キロの自転車でガンガン追い上げました。カンボジアで用意された自転車のサドルがあまりに高いのと僕の脚があまりにも短いので、僕は40キロのうち、ほとんどを立ち漕ぎしないとダメだったんです。だって、サドルに座るとペダルをきちんと回せないんです（笑）。

最後の10キロのランでもどんどん抜かして最終的には6位に入賞しました。

水泳であんなに出遅れながら、よくこんなに巻き返せたなと思ったら、いかにもいい加減なカンボジアらしいというか、途中にコースの案内で矢印を持っている係の人がいるんですが、その人がしっかり矢印を正しい方向に向けていなかったので、途中でコースアウトしてしまった人も数人いたんです（笑）。だから、かなりの人数を抜いたことは間違いないんですけど、コースアウトした人たちのおかげでもあったんです。

本気でカンボジア代表を目指し始める

アンコールワットでトライアスロンに出たあとも、２０１０年10月のナイアガラフォールズ国際マラソン（アメリカ、カナダ）で2時間49分28秒５で走るなど、僕のタイムはどんどん速くなっていきました。

ただ、このまま国籍を変えるのか変えないのかと考えながら走り続けてもしょうがないので、10年12月のアンコールワット国際ハーフマラソンで3位以内に入ったら、本気で国籍を変えてオリンピックを目指してみようと思ったんです。

中島コーチは「ホントにやるの？　やめた方がいいよ」と、もし国籍を変えてオリンピックを目指すとなれば、批判の声が上がって大変になるかもしれないと言ってくれました。でも、僕的にはすでにカンボジアに何回も行っていてタイムも確実に上がっていたので、挑戦したい気持ちがどんどんでっかくなっていました。

後に日本では批判の声が上がったことを考えれば不思議に思うかもしれませんが、カンボジアの人、僕が接した人たちはみんなウェルカムというか、僕がカンボジアに国籍を変えてオリンピックを目指すことを喜んでくれたのです。

カンボジアはまだマラソンが盛んではないですし、「（カンボジアから見れば）日本のような大国の選手がカンボジア代表として走ってくれれば、国のアピールになる」（チヨムラーン専務理事）と思っていてくれたみたいです。

そして、自分がオリンピックに出たらと考えて最初に頭に浮かんだのは、オリンピックのスタートラインで猫魂のTシャツを着た僕が、ケニアやエチオピアの選手の横で真顔で立っている画です。もしそうなったら絶対に面白いだろうなと思ったんです。あとで聞いたらオリンピックではユニフォームの規定があり、自分のTシャツを着てそういう宣伝はしちゃダメだってことみたいですが……（笑）。

国籍を変えることによる影響

もちろん、国籍を変える前は散々悩みました。その時点では、仮に国籍を変えたとしても、オリンピックに出られる保証はまったくなかったわけですから。

いくら僕のタイムが上がってきているとはいえ、当時のカンボジア1位の選手の記録は2時間31分58秒でしたので、それを超えなければオリンピックに出ることはできません。

それに、当時嫁のお腹には娘がいました。僕が国籍を変えたら娘の国籍はどうなるのか。嫁は自分と生まれてくる子どもが日本人のままでいいなら、またカンボジアの選手に迷惑をかけるようなことがなければ応援すると言ってくれましたが、僕自身いろいろなことが頭をよぎりました。

よく家族にはどういう風に話したんですかとか聞かれますが、嫁に改まって話したことはありません。最初に相談したときも「ああそうなんだ。面白そうだね」と言っていたくらいでした。

むしろ、事務所のマネージャーの方が心配していて、一度僕と嫁が並んで、マネージャーと話したことがありました。そのときも嫁は、マネージャーが「猫さんがカンボジア人になっても大丈夫ですか？」って聞いたら、「はい」と即答していました。あれはたぶん、マネージャーの方が、僕がカンボジア人になってオリンピックを目指すことになったら仕事が大変になると思って、何とか嫁に「NO」って言わせたかったんだと思います（笑）。この嫁だからこそ僕もカンボジア人になってオリンピック選手になれたんだと思います。

両親も僕の知らないところで息子が国籍を変えたことについて取材を受けていたみたいですが、「もう成人しているし、自分でやることだからいいんじゃないですか」って言っていたみたいです。反応が薄すぎます（笑）。結局、「邦明は大丈夫なの？」って親戚のおばちゃんが一番気にかけてくれていましたから（笑）。

もちろん、国籍を変えたことで生じる影響は心配でした。だから、マネージャーには国籍を変更するうえでのデメリットを調べてくれと言って、どんな影響があるかも検討しました。

普通に考えれば日本に住んでいて働くとしたら外国人であれば仕事を探すのが難しくなったりすることもありますが、僕の場合は芸人だし再就職しなければデメリットは選挙権を失うくらいだったんです。日本で仕事をして、日本に税金を納め、在留カードを持っていればそんなに心配することはない。それに、元日本人なので永住権も取れると聞き安心しました。

　年金だって引き継いでもらえますし、後天的国際結婚も珍しいのでネタ的に面白いと思いました。何しろ外国人タレントになるわけですから（笑）。

　1つだけ国籍を変えた際にやったことといえば、もし何かで死ぬようなことがあった際に銀行がストップをかけたり、外国人だといろいろ手続きが面倒なようで、嫁にお金がいくように遺言だけは書いておきました。

　不便なことといえば、簡単な書類の場合には通名として本名の「瀧﨑邦明」も使えますが、免許証や身分証明書などの重要な書類の本名の欄は基本アルファベットで「KUNIAKI TAKIZAKI」と書いてあります。

　だから、たとえばTSUTAYAでカードを作るときにもアルファベットで書かないといけないのでカッコつけていると勘違いされそうなのが、いまも少し恥ずかしいんです。

　また、国籍を変えるときにカンボジア名を決められるのですが、先輩たちに相談したら「瀧﨑モハメド邦明」とかミドルネームをつけろと言うんです。カンボジア語で「猫」は「チュマ」というので、「チュマ」をつけろとか。でも、そこはふざけなくてよかったです。家族にも迷惑をかけてしまいますから。

事務所（ワハハ本舗）も社長の喰始《たべはじめ》さんをはじめ、「面白いからやってみれば」という感じでした。それから、当時電撃ネットワークの南部（虎弾《とらた》）さんとライブなどで一緒になることが多くて、南部さんは海外でも「TOKYO SHOCK BOYS」という名で活動されていたので、国籍を変えてオリンピックを目指すことについて相談したりしていました。そしたら、南部さんはこう言うんです。

「猫ちゃん、絶対やった方がいい。だって、悩んでるんでしょ。悩んでいるならやるべきだよ」

そうしないと、何十年かしておじいさんになったときに、後悔すると言ってくれました。そう言われて、よく考えました。

年を取ってから、どこかの居酒屋でお酒を片手に「カンボジア人になってオリンピックに出られたかもしれない」なんてグチってもカッコ悪い。それに最終的には走った結果で判断されるわけだから、あれこれ考えてもしょうがない。そう思ったんです。芸人ですが「走る」ことは、まじめにやってきた。だからいままで通り、まじめにレースを走って、その結果で考えようと決めました。

カンボジア代表として、ロンドン五輪出場内定

３位以内ならカンボジアに国籍を変えて本気でオリンピックを目指すと決めた２０１０年12月のアンコールワット国際ハーフマラソン。結果は、なんと1時間15分59秒で３位入賞。これで僕は「何かある」と思い、つべこべ言わずに「何があろうとオリンピックを目指す！」と決めました。

年明けには国籍変更の申請を出して、11年6月には国籍変更が承認されることがほぼ確実となり、カンボジア五輪委員会のチョムラーン専務理事と一緒に記者会見も開きました。

僕にとって、チョムラーン専務理事の存在も大きかった。

アンコールワット国際ハーフマラソンで3位に入ったことでオリンピックを目指そうと決意しましたが、もちろんそれはカンボジア五輪委員会の推薦があってこそです。

チョムラーン専務理事は最初にトライアスロンに参加したとき以外にも、何度もお会いしていましたし、日本の芸人である僕がカンボジアに帰化してオリンピックに出るようなことになれば、小国のカンボジアにとっていい国際アピールになるかもしれないと、

僕の挑戦を快く受け入れてくれたんです。こういうことは国の後ろ盾がないとうまくいきませんから。

ただ、その時点で僕がオリンピックに出られるかどうかは、まだわかりませんでした。カンボジア五輪委員会に言われていたのは、ヘム・ブンティンという北京五輪に出場経験のあった選手が当時持っていた2時間31分58秒（11年8月、オーストラリア・パース）という記録を超えないことにはどうにもならないということでした。そこで10月にカンボジアへ移住し、11月にはカンボジア代表としてＡＳＥＡＮの11カ国が参加する東南アジア大会に出場することになりました。

会場はインドネシアのパレンバンだったのですが、11月なのにめちゃくちゃ暑い。選手村はプレハブ小屋で、大雨が降ったときには雨漏りして、Ｗｉ-Ｆｉもほとんどつながらず、日本の知人ともなかなか連絡を取ることができませんでした。

いまにして思えばこの時期は、一番辛かったかもしれません。あとで詳しく書きますが、その数日前にカンボジアのホテルで、僕が国籍を変えてオリンピック出場を目指していることを快く思っていない人から脅迫めいたことをされたり。日本ではちょうど娘が生まれたばかりで、その娘に会えない寂しさもあって、生まれて初めてホームシックになってしまったんです。本来はいつでもどこでも寝られるというのが自分の取り柄でもあったのですが、寝ていても2、3時間で起きてしまったり、よく眠れない日が続きました。

それでも、何とか心を落ち着けてレースに集中しました。結果は自己ベストを更新したものの、2時間37分39秒で2時間31分には届きませんでした。

その後、ラストチャンスとして12年2月に別府大分毎日マラソンに参加しました。このレースで、結果を出せなければロンドン五輪出場は絶望的になります。

日本のレースだったことで、マスコミにもかなり報道されましたが、なんとここでさらに自己ベストを7分以上も縮めて2時間30分26秒を出せたのです。翌日のスポーツ紙でも、「猫ひろし、ロンドン五輪内定」と大きく報じられました。

五輪内定後に襲った、予想外の反響

別府大分毎日マラソンの結果、ロンドン五輪内定と報じられたことで、想定はしていたのですが、予想以上の反響がありました。その多くは、残念ながら批判的なものでした。

批判する人がいるのは理解できますが、僕からすると納得のいかない部分もありました。僕は国籍を変更するときも記者会見を開いているし、批判するならそのときから批判してほしいと思ったのです。いざロンドン五輪出場が現実的になったら言い出すなんて、フェアじゃないという気がしました。

それにカンボジアの人に言われたら仕方がないのですが、正直カンボジア人のほとんどの人は僕が国籍を変えたという事実すら知らなかったと思います。なぜかというとスポーツにそれほど興味がないですし、僕は日本で走っていると「あ、猫ひろしだ！」と言われますけれど、カンボジアでは一切そういうことはなかったですから。

また、一番迷惑をかけるのはカンボジアの選手じゃないですか。元日本人の僕がオリンピックに出ることで枠が消えるのはカンボジアの選手ですから。

ただ、カンボジアの選手から直接何か言われたことは、一度もないんです。

そもそも僕は東南アジア大会の前に代表候補の選手と一緒に練習していましたし、僕がどれだけ練習していたかということを一番知ってくれていましたから。もちろん、選手なので当然悔しい気持ちはあったと思いますけど。

リオ五輪が終わったあとも、僕はカンボジアの選手団の一員としてプノンペンに帰ったのですが、一緒に練習していた選手は「ありがとう」と言ってくれました。なんで、「ありがとう」なのかと聞いたら、リオ五輪で完走したあとの「カンボジアッ！　カンボジアッ！」というコールをテレビで見てくれていて「カンボジアの名を世界に広めてくれて、ありがとう」と言うんです。

日本ではマラソンの放送が途中で切られてしまっていたようですが、カンボジアでは国際映像が最後まで流れていたんです。だから、僕はそれで、少しはカンボジアに恩返しができたかなと思っているんです。

話がそれましたが、カンボジアではなくなぜか日本で批判されたということ。名前は出しませんけど、日本で有名な社長さんから「猫ひろしさんのカンボジア国籍取得、納得いきません」と言われました。何か言うのは勝手ですが、意味がわかんないです。だってカンボジアでも言われたことがないのに、なんで関係ない日本人から言われるのだろうという思いはありました。

メディアにも不信感はありました。別府大分毎日マラソンで2時間30分26秒を出したあと、新聞社のカメラマンらが用意していたメザシを咥《くわ》えて写真を撮りましたが、それが一般の方からすればふざけているように見えたのかもしれない。でも、僕は芸人ですから、目の前に出されたら咥えるしかありません。批判が出た際には、そうした写真を使用し、僕がふざけていた印象を世の中に与えるなんてひどくないですか？　そもそもメザシは誰が用意したんだって話です。

カンボジアで受けた脅迫

ほかにも、僕がカンボジアの国籍を取得してオリンピックを目指すことを快く思わない人たちはいました。

２０１１年11月のパレンバン（インドネシア）での東南アジア大会に出る直前のことです。僕の友達が来てくれていて、お世話になっていた日本人のスポーツドクターの方がプノンペンに来ているとのことで、一緒にホテルに会いに行ったんです。

そしたらその先生のほかに、人相の悪い日本人がさらに数人いて、僕に「君に話があるんだ」って言うんです。それで、何かと思ったらすごい勢いで「国籍を変えてカンボジア人になるってどういうことだ！」って言ってきたんです。もう明らかにヤク○って感じだったので、かなりビビりました。

「国籍変えてオリンピックに行くって、どういうつもりなの？　カンボジアの選手がオレのところに泣きついてきたよ。君は芸能人だから、ここでオリンピックに行けなくても別にいいじゃん。話題にもなって、それで飯食えるだろ。でもカンボジアの人はどう思っていると思ってんだ！」

僕はそう言われても、数日後には東南アジア大会を控えていましたし、「そうなんですか」って言うしかない。だから、恐る恐るこう言いました。

「僕はカンボジア人になったからといって、オリンピックに出られるわけじゃないんです。そこでタイムを出さないと出られないんです。これからレースだし、東南アジア大会が終わるまで待ってもらえませんか」

そしたら、僕を睨みつけながら「絶対にオマエのオリンピック出場は阻むからな」って。完全に脅迫です！

話を続けても埒《らち》が明かないので、友達が「猫ちゃん、もう行こう。こんな人相手にしなくていいよ」と言ってくれて、その場から立ち去ろうとしたら、こんどは「君、失礼だな。何だ、途中から入ってきて。謝れ」と。すぐに友達も謝ったのですが、相手も興奮していたので、なんか僕はもう悔しいというか怖くて、涙が出てきてしまったんです。最後は友達と一緒に土下座し、「とにかく何を言われても僕は来週走りますから」と泣きながら言って、その場を立ち去りました。あれは絶対に忘れられないです。

その脅迫してきた男たちの中心的な人物は、あとで聞いた話では詐欺か何かで指名手配されていたような人物だったらしいです。

それ以外にも、日本でいろいろな人が批判していることを知り合いから聞きました。

僕は確かに、批判されるようなことをしました。だから、カンボジアの選手から批判されるならわかります。でも、なんで日本人に批判されるのだと悩みました。

五輪出場を辞退するか否か……

ロンドン五輪代表に内定し、批判を受けた裏には「国籍の変更だけじゃなく、なんでヘム・ブンティンじゃなく猫ひろしなんだ」という思いがあったのかもしれません。実際に、『週刊新潮』などがヘム・ブンティン選手を取材し、ブンティン選手の反論記事を掲載したこともありました。

ただ、僕は実際にカンボジア五輪委員会がラストチャンスと言っていた２０１２年２月の別府大分毎日マラソンで２時間30分26秒で走り、ヘム・ブンティン選手が前年に出していた２時間31分58秒の記録を抜き、カンボジア代表に内定したんです。

もちろん、そのあと12年４月15日にヘム・ブンティン選手はフランスのパリで、自己ベストを２時間23分29秒で更新しました。タイムも僕より約７分速かったです。でも、すでに選考期間は終わっていて、僕に内定が出ていたんです。それに、彼がそのレースでロンドン五輪参加標準B記録の「２時間18分」を切っていたら、そうした声が出るのも理解できなくはないですが、それは切れなかった（オリンピックでは各国に参加標準A記録〈ロンドン五輪では2時間15分〉突破者が0名のときに、参加標準B記録突破者1名の参加を認めている）。

また、彼はカンボジア陸連とたびたびトラブルを起こしていたのも事実です。実際、僕は一緒に練習し、レースに出たこともありますが、途中で棄権し、無断でチームを離れてしまったりと、その行動や言いたい放題の発言が問題視されていて、ロンドン五輪前にはカンボジア陸連から除籍状態にあったんです。

それでも、「なんで猫ひろしが出るんだ」という声は消えなかった。ネット上でも、そういうニュースや書き込みが広がっていたようですが、僕は嫌だったのでほとんど見ませんでした。

あるときは、僕が皇居前でジョギングしているときに、『週刊新潮』のスーツを着た記者が録音機を持って革靴のまま500メートルくらい追いかけてきたのですが、僕が自分から「ちゃんとタイムを出しているし、ブンティン選手は除籍されている」と言うのも変だから、黙っていました。

確かに、「ブンティンの方が速いから出せ」と言う人の気持ちはわかります。だから、正直ブンティン選手が2時間23分台を出したときは、「うわっ！」と思いました。実際に、すごく悩みましたし、電話で親友に「ブンティン選手の方がタイムが速かった。なので、もう辞退しようと思う」と話し、「辞退した方がいいよ」と言われたこともありました。もちろん事務所のマネージャーにも言いました。

でも、そんな状態のとき僕の加圧トレーニングの先生で、1995年に100メートルで世界陸上にも出ている伊藤（喜剛）さんが、「そんなことないよ、猫ちゃん。絶対辞退しちゃダメだ」って言うんです。

「猫ちゃんはちゃんとした規定の中で、タイムを出してオリンピックに決まったんだから、行かなきゃダメだ。代表が決まってから別の選手が記録を出すことなんて世界中であることだし、そんなのあと出しジャンケンと一緒。それに、猫ちゃん1人だけじゃなく、スタッフの協力もあってやってきたことだから勝手に諦めちゃダメだ」

そんなこと言われたのは初めてでした。

それから、脳科学者の茂木健一郎さんがラジオかツイッターか忘れましたが、「みんな批判するけど、猫ひろしさんがオリンピックで走ったら、そんなことどうでもいいっちゃあれですけど、吹き消されますよ。それに偉いのは本人が一言も言わずに、黙々と練習していること」みたいなことを言ってくれているのを聞いたんです。

批判する人がいる一方で、応援してくれている人も多いことに改めて気づかされました。それで、もう1回頑張ってみようと思い返したんです。

猫が罠に引っ掛かった?

様々な批判はあったものの、最終的に、ロンドン五輪に出る決心がつきました。

ただ、4月下旬になると、こんどは「国籍取得から1年未満の人は、1年以上の居住実績がなければならない」というＩＡＡＦ（国際陸上競技連盟）の新ルールに抵触しているとの噂が出始め、1カ月前にできたばかりのルールに世界第1号で引っ掛かることになったわけです。

まさに「猫が罠《わな》に引っ掛かった」のです（笑）。

なんでもこのルールは金満のアラブの国々が多額のお金で不正に選手を帰化させるのを阻止することを目的に作られたようですが、なぜかあまりお金のないカンボジアに帰化した僕が最初に引っ掛かるなんて……。

これは僕の勝手な憶測ですけど、僕がカンボジア代表に選ばれたことに対して批判が出て、日本の週刊誌や大手マスコミが騒いだことでＩＡＡＦも動かざるを得なくなったのかなと思います。

結局、オリンピック出場は消滅しましたが、出場が決まったときに会見していたのでダメになったときもするのが筋だろうと会見を開きました。でも、その場所がなぜか羽田空港って。まるで本物の〝外タレ〟って感じですよね。カンボジアの五輪委員会のチョムラーン専務理事もわざわざ日本まで来てくれて申し訳ないと思ったんですが、こう言うんです。

「残念です。猫さんは、一度決まったのにこんな形で五輪に出られなくなるなんて……。それにしても新しいルールができて、その世界第1号でカンボジアが引っ掛かったことはちょっと複雑というか、何か誇らしい気も……」

おかしいでしょ、誇らしいって（笑）。要はカンボジアが話題になったから複雑だけどうれしいって！

冗談はともかく、一番言いたいのは、僕のロンドン五輪出場がダメになったのに、あれだけ騒ぎになり、議論にもなっていたヘム・ブンティン選手がオリンピックに出ていないということです。普通だったら、ブンティン選手が行くべき状況じゃないですか。でも、ブンティン選手は行っていない。

カンボジアは結局、五輪特別出場枠（ワイルドカード）を陸上800メートルの選手に与えました。ただ、そのことは日本のマスコミもほとんど報じなかった。なぜブンティン選手がオリンピックに行けなかったかというと、カンボジア陸連から除籍されていたからです。

僕について、いろいろ批判していた人はいましたけど、そこはスルーするわけです。そこまで言うなら最後まで何か言ってほしいと僕は思います。もちろん僕は批判されるようなこともしているんですけど、そこはちょっとアンフェアじゃないですか。自分の都合の悪いことになったら、黙るって。

なんかこの話になると、ちょっと感情的になってしまいますね。すみません（笑）。

オリンピック出場が消滅して、仕事が増えた

一度は出場が内定していたロンドン五輪に出られないと聞いたのは、ちょうど中島コーチと一緒に練習をしていたときでした。

筋トレ中で、僕は携帯を持っていなかったので、マネージャーの村上さんから中島さんに電話があって、なんとなく中島さんの話しぶりで、ダメになったんだなというのはわかりました。

「猫さん、残念だけど、ロンドン・オリンピックなくなったって」

僕は「オリンピック自体なくなったんですか？」と真顔でボケましたが、そんなわけはありません（笑）。

その連絡があったのは5月に入ってからでした。当時は批判も多かったですが、オリンピックまでもう3カ月しかない。僕自身はとにかく集中して練習をやらないといけない時期だったので、なるべく情報をシャットアウトし、ＳＮＳなどもほとんど見ていませんでした。それでも、電車に乗れば中吊り広告が目に入り「猫ひろし、五輪出場黄信号！」と書いてありましたし、風向きが悪くなっているのはわかっていたので、ある程度覚悟はしていました。

オリンピックに出場できないとわかったときも、意外と冷静でした。

その夜は悔しいというか、自分を落ち着かせようとして仲の良い後輩芸人のよしえつねおを呼んで、深夜に40キロ走ることにしました。よしえに自転車でついてきてもらったのですが、さすがに自転車でも40キロは辛かったみたいです。「40キロも走るなら、事前に言ってください」と怒られ、結局よしえつねおは〝痔〟になったみたいです（笑）。

たかがオリンピックと言ったら変ですけど、オリンピックに出られなくなったからといってマラソンをやめるのもおかしいじゃないですか。マラソンを始めたことで、僕自身いろいろな人と出会って、芸人としての人生だって変わってきた。だから、辛いときこそ走ろうと思ったんです。そしたら、元気も出てきました。

不思議ですが、オリンピックに出られなくなったことで仕事はすごい入ってきました。CMが立て続けに2本決まると、バラエティー番組からも多く声がかかって松本人志さんの「人志松本のすべらない話」にも呼んでもらえました。そこで例の〝ラン糞〟の話をしたら、翌日のYAHOO!検索ワードで〝ラン糞〟という単語が1位になりましたから（笑）。

さすがに、当時はすぐに「4年後のリオ五輪を目指します」とは言えませんでした。ただ、その後もマラソンの練習は続けていて2012年10月にはちばアクアラインマラソンに出て2時間35分52秒となかなかいいタイムで走っているんです。

振り返ってみると、そのレースのあとに受けたインタビューで「これじゃリオ五輪は遠いですね」なんて答えていたので、その頃にはリオを目指すと自分の中では思い始めていたのかもしれません。自分でも、はっきりとは覚えていないのですが……。

短期間で3回も自著の帯が変わった理由

ロンドン五輪に出られなくなった影響はほかにもありました。

僕は2011年11月に、『猫ひろしのマラソン最速メソッド』（SB新書）という本を出版したのですが、本の帯がその後の騒動の影響で、短期間で3度も変わったのです。最初は「なぜ、こんなにも速いのか？」だったのですが、担当者が五輪の内定を受けて「祝・ロンドン五輪　カンボジア代表決定！」にした方が売れるからといって変え、それが1カ月も持たずに取り消しになってしまい……。最終的には「猫、それでも走る。2016年、目指す！」となっていましたが、僕、この時点では一言もリオ五輪を目指すなんて言ってなかったんです。それにしても、これだけ短期間に帯が3回も変わったのは僕だけらしいです（笑）。

ロンドン五輪の内定が取り消されたあとは多くの仕事をいただき、五輪本番のマラソンの日も、いろいろなお話をいただきました。たとえばロンドンから中継するとか、同じ日に別のマラソン大会に出るとか。でも、芸人なので一番マラソンと関係ない、くだらないことがいいかなと思って、宇都宮の「やきそば千家」さんという店で一日店長をやったんです。選手としてはガッカリですが、芸人としてはチャンス。だから、仕事をいただける以上はやれるだけやろうと、そこはしっかり割り切りました。

ロンドン五輪のマラソンは、一日店長を終えたあと、宇都宮のスポーツバーで見たのを覚えています。気持ち的には割り切れていたと思うのですが、やっぱりテレビで見るとシリアスになるというか、もし自分が走っていたらどのくらいのタイムでいけたかなとか、最初だけ飛び出した選手がいましたけど、もし自分が出ていたらライバルになっていたのかなとか、そういうことは考えちゃいました。

当時もいまも、なるべく来た仕事はすべて受けるつもりでやっています。その中で当時から毎週水曜日に続けている江東区にあるレインボータウンFMの「猫ひろしのキバRun ラジオ」という番組があるのですが、ちょうどロンドン五輪出場が取り消しになった次の日も収録があったんです。そしたら、普段は誰もいないのに報道陣がめちゃくちゃ来て、あとで聞いたら、昔その局でラジオパーソナリティーをやっていて覚せい剤の所持などで逮捕された田代まさしさんが捕まったとき以来の数だったそうです(笑)。ちなみに「猫ひろしのキバRun ラジオ」自体が、実はその田代さんの再逮捕による急な降板に伴い、終わった番組のあとを引き継いで同じ時間帯に放送しているのです。そのときは、来週どうするとなって一番近所に住む芸人ということで僕が選ばれたようですが、局内では曰くつきの枠として有名だとか。まあ、僕にとっては田代さんのあとを受けて以来、いままで続いているので「棚から牡丹餅《ぼたもち》ラジオ」って言ってますけど……。

ちなみにレインボータウンFM、いやあらゆるラジオ番組で途中でMCの国籍が変わったのは僕だけっていう噂です（笑）。

みうらじゅんさんの一言

2012年のロンドン五輪の夢が潰えたあとも、僕はずっと走り続け、カンボジアのフルマラソン1位の記録を死守してきました。因縁のあったヘム・ブンティン選手にもハーフでは負けても、フルマラソンでは一度も負けませんでした。

16年のオリンピックは、ブラジルのリオデジャネイロ。なぜ、一度ダメになったにもかかわらず、4年後のリオを目指したのか。最初は正直、何も考えていなかったと思います。

それでも、いろいろ批判され悔しいという気持ちがあったのは間違いありません。こんなものは見たくもなかったのですが、ネット掲示板の2ちゃんねるの〝メシウマ

（「他人の不幸でメシがうまい」の略）〟というスレッドでは「猫ひろし　オリンピック失格」ということがネタにされていました。仲の良い芸人からは励ましてもらったり、心配する電話をたくさんもらい、なかには「話題になったことだけでも勝ちだよ」なんて言ってくれる人もいました。ただ、僕は言われっ放しじゃいじめられっ子と一緒。いつからか、このままじゃ終われないという強い思いが出てきたんです。

それとロンドン五輪がダメになった直後でした。みうらじゅんさんとリリー・フランキーさんが、『週刊ＳＰＡ！』（扶桑社）で２人が見たいグラビアを作る「グラビアン魂」という連載コーナーを持っていて、そこに呼んでくれたんです。そのコーナーはいつも、２人が好きな女性グラビアアイドルたちが出るのですが、なぜか男の僕が出て、裸にされるという……（笑）。

そのときにみうらじゅんさんがこう言ってくれたんです。

「あのときいろいろ言ってたヤツをひっくり返してやりたいよね」

僕は05年に「みうらじゅん賞」をもらうなど、みうらさんにはデビュー当時からお世話になっているのですが、その言葉は励みになりました。

当時はインターネットで「猫ひろし」と検索すると、そのあとに「クズ」と表示されたらしいんです。一緒にラジオをやっていた人から「猫ちゃんがそんな風に言われるのは悔しいよ」なんて聞いて知ったのですが、僕にクズのイメージなんかあります？
僕もそう言われて「リアルクズ芸人です」と言ってネタにしていましたが、僕は基本まじめですから（笑）。でも、それなのに「クズ」って言われるってことは本当のクズなのかと思ったり。そんなこともあって、オリンピックを目指すと言いながらそれが叶わないまま、中途半端で終われないという気持ちが徐々に大きくなっていったんです。

リオ五輪のカンボジア国内選考会

2015年2月の東京マラソンでは2時間27分52秒の自己ベストをマークし、16年2月の東京マラソンでも2時間32分12秒で走っていました。この記録は、断トツでカンボジア国内1位。こんどこそ大丈夫だろうという気持ちで、リオ五輪の出場決定を待っていました。

でも、前回のゴタゴタがあったからかカンボジア五輪委員会から最後に16年5月に国内選考会をやるから、それに出てくれと言われたんです。しかも言われたのが約1カ月前で、ちょうど東京マラソンの休み明けで体重がベストより5キロくらい増えていた時期だったんです。突然決まるのはいかにもカンボジアらしいですが、決定戦だし決まったからには走るしかない（笑）。

正直、4年間1位だったのに、ここで負けたらどうなってしまうのかと考えましたし、レース前はいままでで一番緊張しました。2位の選手とは持ちタイムで15分くらいの差がありましたが、42・195キロのレースでは何が起こるかわからないですから。

カンボジア国内選考会は16年5月8日、会場はカンボジア南部のケップ。海鮮料理が有名で、カニが美味しいと言われている街です。

驚いたのは、本来は5月7日に予定されていたのですが、1週間くらい前に急に8日に1日ズレたんです。アジアの大会では、スタート時間が当日に変更になることはよくありましたが、さすがに開催日が変わったのはこのときだけでした（笑）。

コースも現地に入ったときはまだ決まっていませんでしたし、いまにして思えばホントに42・195キロだったのかとか、ひょっとしたら少し距離が長かったんじゃないかとかよくわからない部分もありました（笑）。

ケップは海沿いの街で、コースは5キロ過ぎからずっと陽が当たるというありえない感じでしたが、タイム云々ではなく、とにかく1位だけを目指して、ケガにだけは気をつけて走りました。

朝5時半スタートで、レース途中の気温は30度を超えていたと思います。それでも、スタートから10キロくらいで独走状態になり、終わってみればタイムは2時間44分02秒とベストにはほど遠かったですが、無事優勝できました。

ゴールの瞬間はうれしすぎて思わず「ニャー」を忘れて、普通に「ヤッター」と言ってしまったので、慌てて「ニャー」をやり直しました（笑）。

知人からは「こんどこそ決まったね。おめでとう」という連絡がたくさん来ました。ネットニュースなどでも「ほぼ確定」みたいに書かれていましたが、前回一度決まってからダメになった経緯もありましたし、その時点では素直には喜べなかったです。

本当に喜べたのは、カンボジア五輪委員会がＩＯＣ（国際オリンピック委員会）に確認し、「問題ない」との返事が来て、会見を開くとなったときです。ただ、喜んだというよりも、ロンドンからの４年間を考えると、ホッとしたというか安堵感の方が大きかった。ロンドンからリオまでの道のりは長いようで短かったですが、集中力が切れなかったのがよかったと思います。

なぜか一面を持っていかれる僕

６月３日にカンボジア五輪委員会で行われた「２０１６リオデジャネイロ・オリンピ

ック・カンボジア代表記者会見」において、リオ五輪の男子マラソンの代表に正式決定したことが発表されました。

晴れの舞台で挨拶の機会もあると思い、できる限りカンボジアの言葉（公用語はクメール語）で話そうと準備して行ったのですが、意外にもそんな時間はほとんどありませんでした。むしろ急な質問を受けることになってしまい、無理やり英語で答えていたら会場からは笑い声が漏れてました。

全選手が揃うと思っていたのですが、蓋を開けてみたらほとんどの選手が海外などで練習しているため、欠席。出席したのは全6選手のうち僕と女子レスリング選手の2人だけでした。

それでも、カンボジアだけでなく日本からも多くの新聞社やテレビ局（民放は全局）が来てくれていたので、翌日の新聞の一面を期待していたのですが、なんと同日にサッカー日本代表DF長友佑都選手とタレントの平愛梨さんの交際発覚というニュースもあり、そちらに一面を持っていかれてしまいました。僕も「アモーレ」みたいに気の利いたことが言えればよかったのですが……（苦笑）。

不思議ですが僕はツイてないというか、何かしても誰かのニュースとかぶることがよくあるんです。ロンドン五輪のときも12年3月25日に一時カンボジア代表に決定したのですが、その日はなんと元ＡＫＢ48の前田敦子さんがグループからの卒業をコンサートで発表した日でもあったんです。だから、少なくとも2回は一面を逃しているんです（笑）。

吉田沙保里選手の壮行会で

その後は一度来日し（カンボジア人なんで帰国じゃなく来日なんです）、7月1日には所属事務所であるワハハ本舗で壮行会を開いてもらい、翌日には以前から親交のあった女子レスリング日本代表の吉田沙保里選手の壮行会に招待していただきました。

僕の壮行会はアットホームな感じだったのですが、僕がカンボジアに国籍を変えてオリンピックを目指すキッカケを作ってくれた堀江貴文さんのほか、総合格闘家の桜井〝マッハ〟速人さんやビッグダディ（林下清志さん）らなかなか面白いメンバーが揃って、１５０人くらいの人が来てくれました。会場は狭くてギュウギュウ詰めの感がありましたが、多くの人が集まってくれたことは素直にうれしかったです。

ただ、翌日に行った吉田選手の壮行会はさすがに五輪3連覇しているだけに、スケールが違いました。会場は都内のホテルだったのですが、１０００人以上の人が来ていて、人の蜃気楼で客席の奥が全然見えないんです。

会が始まると何か様子がおかしいんです。吉田選手のコーチでもあるレスリング日本代表の栄和人監督が「あとで紹介しますから、音に合わせてやってください。7分間時間取ってありますから」って言うんです。

「えっ?」と思いましたが、僕は基本「NO」と言えない人間なんで、とりあえず「わかりました」と答えました。つまり、招待されたのはネタをやってくれということだったんです(笑)。

だけど、芸人の経験から言って1000人以上の人がいる立食形式のパーティーでネタをやっても、まずウケないです。

僕の前には電撃ネットワークさんやモノマネの人が出ていたのですが、みなさん下がるときに首を傾げてましたから。電撃ネットワークさんなんて普段はめちゃくちゃウケるのに誰も見てないし、この状況で電撃さんや歌マネの人がダメならもう何やってもアウトですよ。だから、僕はもう軽く挨拶だけして思いっ切り〝滑り〟に行きました。そしたら、司会で来られていたのかはわからなかったですが、徳光和夫さんだけが拍手してくれていました(笑)。

壇上に上がると、目の前に元バドミントン女子日本代表で〝オグシオ〟の潮田玲子さんや元体操女子日本代表の田中理恵さんらがいて焦る一方で、かわいいなと思ったり。いま振り返ってもあれほど足が震えた舞台はなかったです（笑）。

そういえば、僕の壮行会に招待して断られていたアントニオ猪木さんが来ていて、何か複雑な気持ちになりました（笑）。それでも、猪木さんは僕のカンボジアに国籍を変えてオリンピックを目指した挑戦を「いいね」と喜んでくれて、「君は世界に卍固めを決めてるよ」なんて言ってくれたんです（笑）。また、もし何かカンボジアで困ったことがあったら、「いつでも北朝鮮を紹介するから」って。「いやいや、それは笑えないな」と思いながらうなずいてました（笑）。

カンボジア代表としての挨拶

リオに出発する直前の7月26日にはプノンペンのイオンモールでリオ五輪に出場するカンボジア代表選手の壮行会が行われました。今回はほかの競技のカンボジア代表選手（全6選手）もみんな集まりました。

カンボジア代表としての記者会見に続き、壮行会でもクメール語で簡単な挨拶をしました。

「私はタキザキ・クニアキ、カンボジアのマラソン選手です。私は、リオ・オリンピックに出場します。本当にうれしいです。カンボジア、ありがとう、頑張ってきます」

クメール語は勉強していますが、まだまだ完璧ではないです。カタコトの挨拶でしたが、発音が悪かったのか、みんな笑ってましたね（笑）。

そもそもコーディネーターのビサールが事前にスケジュールを教えてくれていなかったので、当日までスポンサー関係の挨拶回りだと思っていたところ、行ってみたら記者会見&壮行会だったんです。だから、事前に準備ができてなかったんです。

ただ、リオの選手村で同室だった男子水泳のプー・ソヴィチア選手は両親とも純粋なカンボジア人なのですが、ずっとアメリカに住んでいるため、僕よりもクメール語が苦手だったようで、少しだけ僕の心に余裕ができました（笑）。

そのあとは、みんなで病院に行きました。最初は「えっ、病院で何するの？」って思いましたが、ビサールが日本語で「注射打つんだよ～」と言って笑ってるんです。一瞬、よく状況も知らずに注射を打っていいのか迷いました。ドーピングとかに引っ掛かるんじゃないかって不安になるじゃないですか。でも、話をよく聞いたら、要はブラジルの風土病である「黄熱病」などの予防接種で、ホッとしました。

第四章
僕が芸人になるまで

背が低いのは遺伝じゃない？

この章では、僕が芸人になった理由と、それまでの生い立ちについて、お話ししたいと思います。

いまでも身長は147センチしかないですが、小さい頃から背は本当に低かったんです。整列の際に「前へならえ」をやったのは幼稚園のときに3日間だけ、4日目には抜かれていました。

よくネタにもしていますが、僕が147センチで母猫が148センチで、父猫が149センチ。ご近所さんからは人間ピラミッドと言われ、完全に遺伝に見えますが、実はそうでもないんです。だって格闘家で元K-1選手の武蔵さんが親戚にいるんですから。

まあ親戚といっても、父方のおじいさんの妹さんのお孫さんか何かで、かなり距離があってもうどんな関係かよくわからないですけど……。それに4つ上と5つ上に兄がいて、2人とも身長は170センチくらいあるんです。

小学生の頃は元気な子でした。ウインナーが好きだったから、将来の夢はウインナーとか言ったりして（笑）。兄と少し年が離れていたこともあってか、小さい頃からよくかわいい、かわいいと言われていて、自分でもかわいいと思っていました。でも、3年生くらいからホルモンのバランスがおかしくなってきたのか、それまではかわいいと信じていたのに、急にモテないうえに格好よくない男子に成り下がり、中学に入る頃には「おやじ」って言われていました（笑）。

当時は、落ち着きがなく頭も悪かった。スポーツは、長兄と次兄がサッカーをやっていたこともあって、小学4年生の頃からサッカーをやっていました。普通は上に兄弟がいると一緒に遊ぶことで、運動神経がよくなるものですが、僕は全然レギュラーになったことがなかった。6年生の最後の大会で右か左のバック（ディフェンダー）で試合に出たのですが、子どもの頃ってサイドバックは一番下手な人がやるポジション。そしたら、見事に自分のところに来たボールを思いっ切り空振りし、5分でベンチへ下げられ、苦い思い出しか残っていないです（笑）。

ただ、なぜかリフティングだけは得意で、小学校のグラウンドの端から端までいけました。しかも、腿《もも》しか使わないで。というか、それしかできなかった。運動神経がどうのこうのというよりも、単純に頭が悪かったんです（笑）。

あと、サッカーと並行してソフトボールもやっていました。チーム名は海もないのに潤井戸シャークス（笑）。そこでもボールを取るのはうまかったのですが、力がないから打てない。バットに当たっても、ボールが前に飛ばないんです。しかも、練習があるときに友達にキャンプに誘われて行ってしまったら、それが監督に見つかって試合に出してもらえなくなって、卒業するまでずっとベースコーチャーしかやった覚えがない。だから、小学校の頃は、運動でいい思い出がまったくないんです。

中学校に上がると、サッカーをやめて卓球部に入りました。卓球は結構、うまかったんです。なぜかというと小学校低学年の通信簿に「1」と「2」しかなかったことで、4年生から塾に通うようになったからだと思います。親に無理やり通わされていたわけですが、勉強をするようになったことで、卓球でもどういう風に戦えば勝てるのかが少しずつわかってきたんです。中3のときは部長までやって、高校でもまじめに続けました。まだ卓球日本女子代表の福原愛選手とかがいない時代でしたけど、とんねるずさんが番組で「博士と助手」に扮して芸能人と対戦していたり、『行け！稲中卓球部』というマンガが流行っていたこともあって、卓球がちょっと注目されていたんです。

高校時代は県大会で2回戦とか3回戦まで行って、自分としてはかなりうまいと思っていたのですが、推薦で大学に行けるほどでもなく中途半端だったというか。

大変だったのは時々サッカー部のヤンキーが「ちょっと卓球やらしてくれよ」なんて、勝手に部活に割り込んできたりしたことです。千葉のヤンキーですよ（笑）。あれは本当に最悪でした。

兄にいじめられていた幼少期

父は川崎製鉄に勤めていたサラリーマンで、母は専業主婦。2人いた兄は年子で、子どもの頃から仲が悪かった。そこから4つ、5つ離れて僕がいたわけで、いつも次兄にいじめられていました。だから、いまの僕の腰の低い芸風は、2番目の兄貴のせいだったところが多分にあると思っています（笑）。

次兄はいじめの〝プロ〟でした。小学校のときウチは貧乏でしたから兄貴たちは勉強机も買ってもらえなかった。それがあるとき、なぜか僕だけ買ってもらえることになったら、次兄は「オレの面子《めんこ》と机を交換しようぜ！」と言ってきました。小さい子どもにとって面子は1つのステイタスです。たくさん持っていればいるほど「すごい」みたいな。そこで頭の悪い僕が泣く泣く「いいよ」と言うと、母親が来て「何やってんの！」って感じでした。

それから、ウチはファミコンを買うのが早かったので、コントローラーが四角ボタンでした。でも、そのあとで買った兄貴の後輩が「やった、ウチは（新しい）丸ボタンだ！」と言っていたら、兄貴はドライバーを持ってその子の家に行って、帰ってきたらウチのが丸ボタンになっていたことがありました（笑）。

いまは大人になって、いじめられることはなくなりましたが、仲が良いかといえば、そうでもない。長兄は性格も明るく、たまにサインを書いてほしいなんて頼まれることもありますが、次兄はしばらく弟が「猫ひろし」だということをひた隠しにしていたそうです。

ただ一度だけ、こんなことがありました。次兄は職場が僕の家のそばで、友人と飲んでいるときに電話してきて、恥ずかしそうにこう言うんです。

「友達がオマエと飲みたいって言うからちょっと時間あったら来てよ」

兄貴に呼ばれることなんてないから、後輩を1人連れて行きました。そしたら、兄貴の高校時代の友人が「コイツ、猫ひろしさんの兄貴だって、全然言わないんですよ」って。

ずっと隠してきたものの、さすがに僕がリオ五輪に本名の「瀧崎邦明」で出たことで、瀧崎って名字は珍しいし、「タッキー（僕の子ども時代のあだ名でもあり、次兄のいまのあだ名でもある）と猫ひろしって似てるよね」となって周囲にバレたみたいです。

それでも次兄はいま都内の会社の重役になっているので、職場では黙っているかもしれません。たぶん僕は死んでいることにでもなっているんじゃないでしょうか（笑）。そのくらい隠しているんです。

初めての一人暮らし

両親にしてみれば、三男の僕は心配の種だったのでしょう。大学に入学し、一人暮らしを始めたばかりの頃には、いきなり部屋に来たことがありました。確か入学式の前日だったと思うのですが、僕はまずテレビとビデオが一体になった〝テレビデオ〟を買って、ビデオショップでナンパもののアダルトビデオを借りて、部屋で見ていたんです。そしたら、暗証番号式だった部屋のカギが「ピピピピッ」という音と同時に開いて、誰かと思ったら両親が「来ちゃいました」って立っているんです。ビデオは慌てて止めましたが、そのあと一緒にご飯を食べていたら、テレビデオから「ナンパ大宮編」と書かれた背のラベルがこっちに挨拶してました（笑）。

大学3年か4年のときには、両親と3人で千葉の御宿《おんじゅく》に旅行に行き、なんかすごく暗い雰囲気の中「ちゃんと大学卒業するの？　やめるの？」なんて話したことがありました。僕は「やめたい」なんて言えないし、そんな勇気もなかったですが、その3人が海沿いを歩く姿は、傍から見たら完全に自殺しに行く家族みたいに見えたでしょうね。そのときの写真はいまだに残っているんですけど、なんか全然イケてないんです（笑）。

人前に出るのが苦手だった

お笑いは小さい頃から好きでした。小学校低学年の頃は「ドリフ大爆笑」、その後は「オレたちひょうきん族」や「天才・たけしの元気が出るテレビ!!」などをよく見ていました。ただ、テレビを見るのが好きなだけで、当時は自分が芸人になるなんてことは思ってもみなかったです。

「志村けんのだいじょうぶだぁ」「とんねるずのみなさんのおかげです」や「ダウンタウンのガキの使いやあらへんで！」「ダウンタウンのごっつええ感じ」などは好きでずっと見ていましたけど、これは同世代ならみんな一緒だと思います。

ダウンタウンさんとウッチャンナンチャンさんに清水ミチコさんや野沢直子さんが出ていた「夢で逢えたら」のコントも最高でした。

日曜日は最初、「元気が出るテレビ!!」を見ていましたが、あるときから「ごっつええ感じ」の方を見るようになっていきました。そしてその後に、松本人志さんの著書

『遺書』と『松本』。高校生の頃だったと思いますが、読んだときはちょっと衝撃でした。周りの友達もみんな読んでいて「松本人志ってスゲェ」って。周りの高校生がほとんど読む、あの影響力はすごいと思いました。でも、僕はただのお笑い好きの高校生でした。

大阪の芸人さんは、子どもの頃から漫才をやっていたという話をよく聞きますが、関東で生まれた僕は人前ではしゃぐような子どもではなかったです。

小学生のときに、桃太郎の劇があって桃太郎に選ばれました。けれど、桃太郎ってすごい勢いで成長していくのに、僕は背が低すぎて伸びシロがないってみんなに笑われたことがありました。それがトラウマになったのか、とにかく人前に出るのは苦手でした。たとえば修学旅行のとき、クラスの人気者がバスの中で盛り上げたりすることはよくあることだと思います。僕も一度だけ「北の国から」の田中邦衛さんのモノマネをやってみんなが笑ってくれて、気持ちいいなと思ったことがありました。ただ同時に恥ずかしさを感じたのを覚えています。

中学の頃には、校内のバスケットボール大会で同じクラスの子が試合をしているときに、仲間内で実況アナウンサーみたいにして盛り上げたこともありましたが、やっぱりたくさんの人に見られると照れてしまう部分がありました。

だから、高校までは文化祭などのイベントにしても人前に出て何かやろうと思ったことも、やったこともなかったです。お笑いは好きだけど、自分がやるなんて……。思春期になってからは背が低いことがコンプレックスにもなっていて、自分から人前に出ることは少なかったと思います。

勉強のできない僕が、大学受験

僕の通っていた千葉県市原市にある市原八幡高校には一応、進学クラスが1クラスだけありましたが、卒業後はほとんどの人が就職するか専門学校に通うような田舎の普通の高校でした。

高3になって卒業後の進路を決める際、このまま普通に就職していいんだろうか？　もっとほかに選択肢があるんじゃないか？　と考え、受験勉強なんてまったくしてこなかったのに急に大学に行きたいと考えるようになったんです。そうすれば「千葉の田舎から抜け出し、東京に行ける」「何か面白いことがあるんじゃないか」。大学に行けば、人生バラ色！　そんな単純な思いがありました。

進学クラスではない僕が大学に行こうと思ったことには、先生も驚いたみたいでした。夏には卓球部も引退し、受験勉強を始めました。ただ、高校3年間ほとんど勉強してこなかったので偏差値はリアルに30くらいでした。

最初に河合塾の夏期講習を受けたのですが、あまりにレベルが違いすぎて授業で何をやっているのかさえ理解できませんでした。しかも、秋以降も通い続けるには試験もあるということで、これは無理だなと。そこで、いまテレビCMもやっている、当時出てきたばかりだった東進ハイスクールは試験がないということだったので、2学期から東進に通い始めることにしました。

でも、世の中そんなに甘くない。その年は、近所だからないと思っていた帝京平成大学や、当時ヤワラちゃん（柔道の五輪金メダリストで、元参議院議員の谷亮子）が通っていた帝京大学、東京情報大学など、いくつか受験したものの全滅。東進ハイスクールで頑張って勉強してきたからどこか受かるだろうと思っていたら、全部落ちたんです。そのときはさすがに「僕、頭悪いんだ」って凹みました。

ちなみに、最近は役者としても活躍していますが、パンク・ロックバンドの銀杏BOYZのボーカルの峯田《みねた》和伸くんが僕と同級生で、その年に僕が受験した東京情報大学に推薦で入っていて、「僕もそこを受けたけど、落ちた」と言ったら「あそこ落ちる人いるの？」って笑われました（笑）。

浪人することになってからは、すごい勉強しました。

バカな人って予備校に荷物いっぱい持っていくんです。ＪＲ千葉駅まで電車で予備校に通っていたのですが、カバンは参考書でギチギチに膨れていて、満員電車ではいつも周りの乗客に嫌がられていました。

やる気だけはあったから授業のないときも自習室で勉強したり、なんだかんだ朝10時から夜10時くらいまでは予備校にいました。自分の中ではこれだけ勉強したので、こんどは現役の頃よりもいい大学に受かるだろうと思って、２年目は上智大学と法政大学に、滑り止めで桜美林大学を受けたんです。ただ、やっぱり問題を見た瞬間に全然わからなくて（笑）。結局、また全滅しました。

当時の予備校って、髭をすごい蓄え、浪人生なのに博士みたいでこの人何歳なんだろうって人も結構いて、僕的には何だったら二浪してもいいかなと思っていました。ところが、家でそんな話をしたら親や兄貴たちからすごく怒られて「カネなんてないし、二浪なんか絶対させない」って言われてしまったんです。それで、どうしようと思っていたら、予備校に２次試験のお知らせの張り紙があったのを見つけたんです。しかも、大学名を見たら目白大学。目白!?　東京だし、いいかと思って受けに行きました。

試験会場はなぜか埼玉の岩槻。目白じゃなくてあれって思ったのですが、問題がものすごく簡単なんです。だって僕、大学受験の答えで初めて「聖徳太子」って書きましたから（笑）。そして数週間後、大学から通知が来て開けてみたら、何とか補欠ながら合格していたんです。

初めて漫才をした、大学1年の夏

目白大学に合格したら、やっぱり僕の受かった人文学部は埼玉の岩槻にありました（笑）。〝岩槻の人形（生産数が日本一）〟と言われても知らなかったですし、はっきり言って千葉と埼玉じゃほとんど変わりません。しかも両親が頑張れば約2時間だし実家から通えるんじゃないかって言うんですが、そこはもう絶対無理と言い張って、何とか一人暮らしを始めることにしました。

岩槻へは大きなボストンバッグを持って大宮を経由して行きました。ＪＲ大宮駅に着いたときは、よく田舎者が都心に出ると、人が多くて「祭りでもやっているんじゃないの」と感じると聞きますが、まさにそんな感じでした。けれど、大学のキャンパスがあった岩槻は、僕の実家の近辺と大差はありません。

ちなみに、僕の実家の最寄駅は、千葉市から房総半島の西岸に延びるＪＲ内房線の「浜野」か「八幡宿」ですが、家はそこからさらに自転車で30分近くかかるところにあるんです。あたりは何もなくてセブン-イレブンもきっちりＡＭ７時に開いてＰＭ11時には閉まるほどでした（笑）。しかも、コンビニまで気軽にジュースを買いに行ける距離ではなかったですから。

大学１年の夏に、友達と初めて漫才をやりました。

相方となったその友達は、小中高と一緒で当時日本映画学校（現日本映画大学）に通っていました。千葉の田舎から、日本映画学校に行くような人はなかなかいなくて、かなりの変わり者でした。高校時代は柔道部に所属していたこともありましたが、３年間ずっと下駄を履いて登下校していたようなヤツでしたから。

いま思えば彼との出会いで僕の人生は大きく変わったように思います。というのも、彼が夏休みに日本映画学校で漫才の授業というか公演があって「若い芸人さんが来るから一緒に行かない？」と言うから行くことにしたんです。彼自身は映画が撮りたくてドキュメンタリーを志望していたので、芸人を目指していたわけではなく、岩槻に住んでいた僕も大宮まで出れば、そこから都内までは埼京線で乗り換えなしに出られる環境でしたので軽い気持ちで観に行ったんです。そしたら、そこで映画学校の卒業生だった芸人さんがコンビでネタをやっていたりして、すごく面白かった。同時に、年もほとんど変わらないのにしっかりお笑いをやっている人に少し驚きつつも、どこかで僕らにもできるんじゃないかと思いました。そして、その夏に初めて漫才をやることにしたんです。神奈川にあった彼のアパートに1週間ほど泊まりながら、ボケ担当の僕がネタを考え、アパートのすぐ裏の神社で練習して、最終的に池袋東口駅前ロータリーの歩道でやりました。

でも、つまらないことを本気で面白いと思ってやっているから、全然面白くない（笑）。なのに厚かましくチップを入れてもらう缶を置いたりして。そしたら酔っぱらいのオジさんがお情けで500円玉を入れてくれたんです。若い学生が頑張ってやっていたことで、人だかりが多少はできていましたが、ウケている感じはありませんでした。結局、その彼は映画志望だし、彼との漫才はそれっきり。僕も恥ずかしさからか、漫才をやったなんて周りには一切黙っていました。

映画と舞台にハマった大学時代

日本映画学校に通っていた最初の相方が映画をたくさん観ていたこともあって、僕も当時流行っていた単館映画の面白さを知ることになりました。それまで千葉の田舎では、『グーニーズ』（1985年公開、米映画）くらいしか観たことがなかったのに……。

そこで出会ったのが、劇団「大人計画」で役者もやっていた井口昇監督。僕も2014年に『ヌイグルマーZ』という作品に出させてもらったのですが、当時井口さんの映画が面白いという噂を聞いて、友達と一緒に渋谷の小さな映画館に観に行ったんです。単館の世界は初めてだったのですが、これ映画館？　っていうほど劇場が小さくてびっくり。でも、映画『クルシメさん』（98年公開：井口昇監督）は僕でもわかるぐらいの低予算なのに、ホントに面白くて、感動したのをよく覚えています。

あまりに面白かったので、その後も1人で映画雑誌を買って調べて、3回か4回は『クルシメさん』を観に行きました。ちなみに、そのうちの1回は、いまでもたまにお笑いライブをやっている「新宿Fu-」という100人も入ればいっぱいの小劇場で、舞台挨拶に来ていた井口さんのほか、観客は井口さんに呼ばれてきた熊切（和嘉）さん（映画監督）と僕ともう1人だけ。いま考えれば、あのときのあと1人は誰だったんだって感じです（笑）。

そこから井口さんのことを調べ出し、映画のほかにも「大人計画」という劇団の舞台にも役者として出演しているということで舞台も観に行くようになりました。

当時から「大人計画」の舞台は面白かったのですが、まだいまのように人気はなかったのでチケットはすぐに取れたんです。テレビの笑いとはまた笑いの取り方が違うのは衝撃的で、その後はしばらくハマって劇場に通うことに。それが大学1年の秋で、その頃から並行してお笑いライブにも行くようになったんです。

学生時代に映画や舞台、お笑いライブによく行くようになったのは、浪人時代に予備校のある先生が言っていた「僕は大学からではなく大学生活から多くを学んだ」という言葉が印象に残っていたから。その先生は東進ハイスクールでも人気の英語の先生だったのですが、僕もせっかく4年間大学に行くなら、授業だけじゃなくて大学生活からいろいろ学びたいと思っていたのです。

埼玉から大阪まで、自転車一人旅

大学1年の終わりには、何を思ったのか埼玉から大阪まで自転車旅行を敢行しました。もちろん、周りの友達に言うのは嫌だったので、1人で行きました。

自転車といっても、ロードレースタイプの自転車なんて持ってないので、普通のママチャリです。しかも、ちょうど僕の自転車がパンクしてしまっていたので、友人が拾ってきた自転車を借りたんです。それ、盗難自転車なんじゃないかと思うかもしれませんが、駅でずっと何カ月も保管されていた自転車で誰も乗ってなかったので再利用したんです。その再利用のママチャリで、道はわからなかったのですが、とりあえず国道1号まで行けばあとは真っ直ぐ行けばいいと思い、地図を片手に最初は日本橋を目指しました。ただ、そのママチャリのカギが壊れていたので、いきなり警察に職質されてしまうアクシデント。何とか盗難自転車じゃないことを説明して解放してもらいましたが、波乱のスタートでした。

日本橋を過ぎると横浜を経由し、箱根の山を越えて関西方面を目指しましたが、途中で泊まるお金もなかったので、基本は野宿。前のカゴに荷物を入れて、荷台には寝袋をつけた状態で1日約１００キロは走りました。

一番大変だったのは箱根の山を越えるときでした。夕方から山を登ろうとして立ち寄ったコンビニのおばちゃんに止められたのですが、余裕だと思っていたら漕いでも漕いでも頂上に着かない……。途中のガソリンスタンドは閉まっていて、飲み物がなくなったときはフリスクを舐めて唾を出して凌ぐなど、リアルに死ぬかと思った瞬間もありました。

頂上に着いたのは夜11時くらい。自動販売機が1台だけあったので、そこで缶ジュースを大量に買って、坂道を一気に下り芦ノ湖まで行きました。

名古屋では深夜に家出の少年と間違えられたこともありました。警察から「オマエ、こんな遅くに自転車漕いでどこから来たんだ？」と聞かれ、「埼玉」と答えたら「嘘つけ」とすかさず言われました。確かにビックリしますよね。

それにしても途中で健康ランドなどに寄ってお風呂には入っていましたが、名古屋に着いた頃にはずいぶん小汚くなっていたんだと思います。あるとき自転車で走りながらカーディーラーのショーウィンドウを見て、道路の向かい側にホームレスがいるなと思っていたら、よく見たら反射で映っていた自分でした（笑）。

本当は福岡まで自転車で行く予定でした。でも、途中で公衆便所を使うたびに行方不明者のポスター写真を目にし、この暗闇のトイレで襲われても誰も助けてくれないなとか、そんなことを考え出したら急に怖くなって大阪でフェリーに乗ることにしたんです。そして、門司港《もじこう》で自転車を捨てて新幹線で帰ってきました。友達の自転車を勝手に捨ててきたので怒られましたが（笑）。

なんでこんな自転車旅をしたかといえば、何かにしばられるのが嫌だったんでしょうね。毎日100キロ走ることだけは決めていましたけど、自転車ならそれ以外は自由じゃないですか。何時に電車に乗らないといけないとかもないし、腹が減ったらそのときにご飯を食べればいいし。

いまも仕事で地方に行ったら、当時のことを思い出すことがあります。自転車旅はどこかでいまマラソンをやっていることとつながっているような気もするんです。

お笑いライブでネタ見せ

大学時代の4年間は、本当にお笑いと映画と舞台をたくさん観ました。近所のビデオショップに毎日行って1日に映画を3本観たり。それを繰り返していると観るのがなくなっちゃうのですが、そんなときは大学の図書館に行って、1人でずっと落語のDVDを観ていたり。そこなら全部タダですから(笑)。

大学の図書館に頻繁に行っているのは僕と留学生くらいなもので、当時僕がドラマ「踊る大捜査線」で織田裕二さん演じる青島刑事が着ていたのと同じような緑のモッズコートを着ていたことで、周りでは「図書館に行くと緑のお化けが出る」と噂がたったほどでした(笑)。

大学1年の夏には岩槻のアパートから大宮の学生寮に引っ越しました。

大学の頃って、学校にアパートが近いとたくさん友達とかが来るじゃないですか。それで毎日ドンチャン騒ぎしていたら、隣に住んでいたサラリーマンに怒られて。でも、学生だから怒られても調子に乗って騒ぎ続け、サラリーマンの方も優しかったから逆に壁を叩いて反撃したりしていたんです。そしたら、ある日例のサラリーマンが「何時だと思ってんだ!」って本気で怒ってきて、これ以上騒いだら殺されると思ったので、その日のうちに引っ越しの赤帽に電話して、夜逃げしたんです(笑)。

一人暮らしを始めるときにも学生寮のことは知っていましたが、そのときはなんとなく共同生活は嫌だなと思っていたんです。とはいえ、背に腹は代えられません。寮は本来、食事付きで4万5000円だったところを食事抜きで2万2000円にしてもらい、浮いたお金でさらに劇場に通うようになり、週に3、4回は舞台などを観に行っていました。

チケットはいつも「そごう大宮店」か「岩槻サティ」の中にあるチケットぴあで買っていたのですが、あまりに頻繁に行っていたのでスタッフとも顔馴染みになったり。なかなか取れないチケットも、なぜか岩槻のサティは買う人が少ないのかよく取れたんです(笑)。

お笑いや舞台をたくさん観ていたこともあって、大学3年になる頃には将来はお笑いをやりたい、芸人になりたいと思うようになっていました。正直な話、僕の成績では就職も厳しいし、大学に通い続けても意味がないんじゃないかなんて考えたこともありました。ただ両親も心配していたしやめる勇気もなかったので、卒業だけはしようと思っていたんです。

そんなときに出会ったのが、浅草キッドさん主催の「浅草お兄さん会」。お兄さん会は、素人からプロまで入り交じったネタ見せの会で、ネタ見せで浅草キッドさんに認められた芸人だけが舞台に立てるんです。場所は新宿のサンモール。ネタ見せに来るのは、失礼なんですが汚い格好をした、まるで朝一でパチンコ屋に並んでいるような人たちばかりでした（笑）。お客さんは男ばかりですが、劇場はいつも満員で、当時はまだ無名でしたがそのときからネタが面白かった東京ダイナマイトさんが気になってしまい、毎回通うようになったんです。

そのうちに、僕も舞台に立ちたいと思うようになって、前とは違う高校時代の同級生とコンビを組んで、大学4年のときにネタ見せに行ったんです。当初は自分がお笑いをやるなんて考えてもみなかったのですが、「浅草お兄さん会」なら自分もやれるんじゃないかと思ったんです。これまた失礼なんですがモテない男の集まりというか、ここなら僕も受け入れてもらえると思ったんですね（笑）。それに、当時の「浅草お兄さん会」には東京ダイナマイトさんのほかにも、マキタスポーツさんやU字工事さん、米粒写経さんや鳥肌実さんなどが出ていて、勝手に信用している部分があったんです。

劇場には何年も通っていたのでネタの書き方もわかっていたつもりでしたし、ネタはそれなりにウケたと思ったんですが、結局は落ちて舞台には上がれなかった。それでも、帰り際に東京ダイナマイトのツッコミだったハチミツ二郎さんから「君、こんどトンパチプロっていう新しいインディーズのお笑い事務所を作るから、よかったら来なよ」と声をかけてもらい、名刺をもらって帰ったんです。ちなみに、声をかけてもらったのは僕だけで、相方には声はかからず。ネタ見せ会はダメでしたが、なんとなく初めて自分で思い立って行動したことが次につながったという気がして、うれしかったことを覚えています。

芸名・猫ひろしの由来

「浅草お兄さん会」が終わり、その流れを汲む「トンパチプロ」の旗揚げ公演が下北沢のタウンホールで行われることになりました。てっきり、そこでデビューできると思っていたのですが、その後ハチミツ二郎さんからは何の連絡も来ないまま、結局は自分でチケットを買って一番前の席で見ることに（笑）。いま考えれば、いくら声をかけられたからといって、向こうから連絡が来るわけはないのですが……。

そのあともハチミツ二郎さんから声がかかることはなく、仕方ないので二郎さんに直筆の手紙を書いて、卒業までの間、付き人みたいなことをさせてもらうことになったんです。なんで直筆の手紙なんだって思われるかもしれませんが、当時の僕は自然派を気取って携帯を持っていなかったんです（笑）。

そして二郎さんから付き人をやりながら芸人を目指すなら何か芸名があった方がいいと言われ、「猫ひろし」という名前がついたのもちょうどこの頃です。

最初は二郎さんから、「芸人（の名前）はやっぱりパンチが効いている方がいいから、タランチュラでどう？」などと言われたのですが、僕は一応大学に行っているし、当時はバカリズムさんやバナナマンさんが出てきた頃で、もっとスタイリッシュ（!?）な名前がいいなと思っていたんです。

そこで、F1のマクラーレン・ホンダの響きがよかったので、二郎さんに言われた〝タランチュラ〟を生かしつつ、「タランチュラ・HONDA」にしようと思って。でも、それを二郎さんに言ったら「なに勝手に名前を変えてんだっ！」と怒られ、「オマエは明日からカタカナで、ホンダ ミナコだ」って言われました。男なのにですよ（笑）。

そんな調子で、当時は先輩たちにイジられるように名前を変えられていて、トンパチプロのみんなで鬼怒川温泉へ旅行に行ったときなどは、バスで移動している最中だけで、10回は名前を変えられました。バスに乗る前と降りたあとで名前が違うって、どんな状況なんだと（笑）。

佃煮の蓋を開けるのがうまかったから「蓋開けタロウ」。「カタカナでオキナ　メグミってどう？」とか「ダンス☆マンが流行っているから、ウンコ☆マンでどうだ？」とか。「ラーメンズにかけて塩ラーメンズ」とか。「本名が瀧﨑なら、タッキーでいいじゃん」なんて。でも、その頃はもう「滝沢（秀明）くん＝タッキー」が定着していたので、そんなことしたらジャニーズファンに殺されると思ったり。そして、いろいろ変わった挙句、クロアチア系K-1選手のステファン・レコ選手が流行っていて、僕が猫を好きだったこともあり、そこからステファン・ネコ、猫ひろしになったわけです。

トンパチプロでの初舞台

「猫ひろし」となり、ようやく芸人としてのデビューが近づいてきたものの、相方がいなかったので、〝ピン〟でやることに。舞台に向けて、一生懸命漫談のネタを用意し、自分的には会心の出来だと思っていたのですが、ハチミツ二郎さんからまさかのダメ出し。

「オマエ落ち着きないいし、それ漫談じゃなくてただの落ち着きない人だろ！　ネタじゃねえよ」

「もう間に合わないから、とりあえず全裸で出ろ！」

もう完全にオモチャです。でも、舞台まで時間がない。

「勘弁してください。一応、大学出ているのに……」と思いながら、僕は舞台に立つことになりました。

初舞台の名前は、トンパチプロ主催の「第1回　素人芸人ゴングショー」。司会がマキタスポーツさんで、審査員にはハチミツ二郎さんに加えて、ＡＶ監督のバクシーシ山下さんやターザン山本さんがいました。若手が漫談やコントなどを披露する場ではありましたが、要は出演する若手に審査員が突っ込み、イジって笑いを取るっていうコンテストなんです。僕は最後に「続いては、猫ひろしさんです」と紹介されて、全裸で飛び出していきました。すると、いきなり終了の鐘がカーンっと鳴らされて終わり。会場は大ウケでした。

ウケたからといってそんな終わり方に納得はできなかったので、「ちょっと待ってください」と言って、もう1回やらせてもらうことに。でも、2回目がウケるわけもなくて、笑いが少なかったので自分で自分の乳首を指でさわりました。そしたら、大爆笑。

言ってみれば、こういう舞台を観に来ている人は「奇人変人」が好きなんですから、こういうのがウケるんです（笑）。こうして初舞台、初全裸で初優勝して、賞金10円（僕がお笑いでもらった初任給です！）もゲット。ところが、世田谷区が運営する北沢タウンホールではやはり昼間っから全裸はダメだったようで、以降はしばらく出入り禁止に。実質これが僕のデビューでした。

玉袋筋太郎さんの運転手

何とか芸人としてデビューを飾ったものの、トンパチプロは約2年で経営が傾き、あえなく解散。お金がなくなると人間、仲が悪くなるものです（笑）。で、次どうするんだってことになったのですが、ハチミツ二郎さんとマキタスポーツさんは、「浅草お兄さん会」を主催していた浅草キッドさんのいる「オフィス北野」に入ることに。

「第2回　素人芸人ゴングショー」でも優勝していた僕は、周りの先輩からも「二郎さんについていけば大丈夫」なんて言ってもらっていたので、てっきり一緒にオフィス北野に行けるものだと思っていました。ただ、当時ドン・キホーテで買ったスキャンティー1枚をはいて舞台に立ち、横チンを出してお客さんに引かれるといったキワモノ芸人と見られていたので、オフィス北野には「芸風が危ない」と入れてもらえなかったんです。いま考えれば当然ですが、当時はそれの何がダメなのかもわかりませんでした。

それで、大川興業なら江頭2：50さんも全裸でやっているし、大丈夫だろうと思ってネタ見せに行ったら、そこもアウト！　江頭さんの相方、寺田さん（寺田体育の日）の前で全裸で乳首をさわりながら漫談をやっていたら、「密室で男2人なのに、脱ぐことないし、それ全裸じゃなくてもできるでしょ」と言われて不合格。完全に頭のおかしいヤツだと思われました（笑）。

地下芸人のライブでは常連になっており、そこで優勝もしたりして、自分でも笑いの取り方がわかってきているつもりでしたが、なかなか表舞台には上がれず。そして、先輩たちから「オマエは背が小さくて、顔が面白いから漫談よりギャグを作った方がいい」と言われていたこともあって、漫談を諦め、いまと同じようにギャグを連発する芸風でやっていくことに決めたんです。

学生時代の流れで大学卒業後も、お笑いの世界に足を突っ込んだ状態でしたが、そんなことは周りにはもちろん、親にも言えません。大学卒業が近づくと、どうしても「将来はどうするんだ？」という話になりますが、そういうときは、冗談で「サーカスに入る」とか言って親を困らせていました（笑）。

就職活動で使うリクルートスーツもお金をもらって買いはしましたが、本気でやる気がなかったのでまじめな就職活動は一度もしていません。

大学の求人の張り紙が張ってある就職支援室みたいなところで、よく食べていた牛丼の松屋の求人を見つけて、スーツも買ったことだし、とりあえず一度就職説明会に行けば就職活動したことになるかなと思って申し込みをしたことはありました。ところが、説明会は朝9時からだったのですが、起きたら11時で（笑）。そのときベッドで寝ながらリクルートスーツが壁にかかっている様子を見たことはいまでもよく覚えています。

また、大学を卒業し、ハチミツ二郎さんやマキタスポーツさんにお世話になっていた頃に、浅草キッドの玉袋筋太郎さんを紹介してもらい、ちょうどタマさんが運転手を探しているということだったので、数日間だけ運転手をやったこともありました。ただ、先輩から「オマエ運転手やれば？」と言われて、「はい」と返事をしてしまったのですが、僕はそのとき車の免許を持っていなかったんです。

それで、兄貴にお金を借りて慌てて新潟県の燕三条の「合宿免許」に行ったんです。周りはヤンキーばかりで、唯一最後まで一緒にいたのが台湾国籍のおばさん。そのおばさんは確か厚木で中華料理屋やっているとか言っていましたが、いまどうしているのかな。どうでもいいですね、こんな話。

僕はとにかく物覚えが悪いし、教習所の先生にも「オマエ、信号待ちで寝ただろう」

とかよく怒られていました。

無事に免許を取って、翌日からタマさんの運転手をやることになったのですが、もちろん「若葉マーク」だってことは内緒です。だって慌てて合宿免許に行ったなんて言えないですから。でも、車庫入れがうまくできずに、車庫入れだけはタマさんにやってもらう形で、すぐにお役御免になりました。

タマさんはバレたとき、こう言ってました。

「先にそれ言えよ。オレ、若葉マークのヤツに命預けてたのか！」

運転中、僕の手も震えてましたが、タマさんはもっと怖かったみたいです（笑）。

ワハハ本舗・喰始社長との出会い

事務所が決まっていないなかでも、なんとなくお笑いライブに呼ばれるようになっていました。そんなとき、知人の落語家さんに「巣鴨の地蔵寄席」を観に来ないかと誘われたんです。行ってみたら、いままで見たことのない〝化石のような芸人〟が舞台に立っているんです（笑）。白のランニングシャツに、汚いヘルメットをかぶって、胸に「ガッポリ建設」と書いてある。なんかドラマ「ショムニ」にチラッと出演していたようなんですが、正直よごれの人だと思い、ああはなりたくないと思いました（笑）。

ただ、ネタをよく見ると面白くて、何かトンパチプロの人たちのネタを見たときに近い感覚がありました。そしたら、ガッポリ建設さんも僕のネタを見て「いいね」と言ってくれて、一緒に打ち上げを兼ねて喫茶店に行くことになったんです（この頃はまだお酒が飲めなかったんです！）。

なんかお互いにシンパシーを感じたんですかね。そこで、ガッポリ建設さんに紹介されたのが、ワハハ本舗だったんです。

当時ワハハ本舗といえば、久本（雅美）さんや柴田（理恵）さん、梅垣（義明）さんらが、お茶の間の人気者としてテレビに出ているのは知っていましたが、正直劇団のイメージしかありませんでした。それでも、ガッポリさんと一緒にネタ見せに行くと、ガッポリさんはすごくワハハ本舗の社長（喰始さん）に気に入られていて。しかも、社長がネタを全部見てくれていて誠実だなと思ったんです。

僕もパンツ一丁で緊張しながらネタ見せの順番を待っていたのですが、いざやってみたらすごいウケたんです。周りにたくさん落ちている人がいたのに、社長の喰さんが褒めてくれた。それで、ワハハ本舗主催の舞台「喰始のショービジネスの作り方」に出たら、そこでもそこそこウケた。

僕自身、何か摑めた気がしたんですが、その打ち上げの席で喰さんが、「こんどワハハ本舗で芸人部門（ワハハ商店）を作るから来ないか？」って言ってくれたんです。もちろん、答えは二つ返事。ワハハ本舗なら舞台だけじゃなくテレビ局ともつながっているし、ようやく光が見えたというか、これで芸人としてやっていけるかなという思いでした。

ワハハの同期メンバーは、ガッポリ建設のほか、コラアゲンはいごうまんにウクレレえいじ。みんな僕より10歳近くも上の人で、これで本当に売れるかなという不安もあったり（笑）。でも、喰さんは中途半端な若手を取るよりも、一生芸人でやっていける人を探していたみたいで、一番若い僕に「猫ちゃん、すぐにやめたりしない？」と聞いてきたんです。

もちろん、僕は一生やるつもりでいました。事務所に入る条件として喰さんから「ウチだとスキャンティーだとお客さんが引いちゃうから、せめてブリーフにして、Tシャツを着てくれ」とお願いされたんです。僕は長いものにはすぐに巻かれるタイプなので、そのへんのこだわりもなく、すぐに了承しました。で、そのTシャツを作ってくれたのが、いま着ている「猫魂」を作ってくれたTシャツ屋さん。正確に言うと、当時はまだ「猫魂」とは書いていなく、最初は「はみだしチャンピオン」と書いてあったんです。

これは1980年代に歌手の沖田浩之さんが歌っていた曲と、僕のブリーフから金タマがはみ出していたことにかけてのもの（笑）。不思議とTシャツを着るようになったら、少しずつテレビにも出られるようになったんです。

ルイ・ヴィトンビルの掃除バイト

ワハハ本舗に入り、ライブでも会場によってはかなりウケるようになってきましたが、売れ線のライブに出ると爪痕は残せるものの、半分は面白がられて半分は笑われる感じ。生活もアルバイトをしながらで、親や周りの友人には、芸人と言うのがとても恥ずかしく黙っていました。だって週6でバイトしているのに、芸人って言うのも嫌じゃないですか。いまの嫁と付き合い出した当時も、仕事を聞かれても芸人とは言えなくて、こんな小さな体のくせに最初はトラックを転がしているって言っていたんです（笑）。親から何をやっているのかと聞かれたときも、放送作家になるとか嘘をついていました。

若手の芸人なんて、舞台に出てもギャラなんてほとんどもらえないんです。冗談ではなく、一舞台100円とか200円なんてこともありますから。

ただ、深夜番組からスタートして徐々にテレビに出させてもらえるようになって、たけしさんの「たけしの誰でもピカソ」でネタをやらせてもらえたことがあったんです。そこで、「お母さん、お尻から生クリーム出てるよ」ってギャグをやったら、それを見ていた母親から電話がかかってきて「お母さん、お尻から生クリーム出てないよ」って(笑)。そのときですね、親に初めて芸人をやっていると言えたのは。それで、バイトも辞めて芸だけでやっていこうと思ったんです。

実はそのちょっと前にテレビで上岡龍太郎さん(元漫才師、タレント)が「人間は26歳のときに何をやっているかが大切だ」というようなお話をされていて、自分も26歳までにはバイトを辞めたいと思っていたんです。そしたらちょうどギリギリというか、25歳11カ月半くらいで収入も安定してきて辞められたんです。

「誰でもピカソ」に出たときは、まだ表参道のルイ・ヴィトンビルでパートのおばさんと一緒に朝の掃除のバイトをしていたんです。

ルイ・ヴィトンの前の歩道に捨てられたガムを剝がしたりするバイトですよ(笑)。

当時は三軒茶屋に住んでいて、朝6時から仕事だったのですが、電車賃を浮かすために自転車通勤していました。でも、そのとき信号待ちで止まっていたら、若い女性から「猫ひろしさんですよね」って言われてびっくりしたことがあったんです。

「何で知っているんですか?」と聞いたら、「テレビ、見ました。応援してます」って。

そのときは、すごいうれしかった。「誰でもピカソ」をキッカケにその後は、爆笑問題さんやとんねるずさんの番組にも出させてもらい、街で声をかけられることも増えたので、バイトを辞めた時期もちょうどよかったのかもしれません。

最近は、街中で写真を勝手に撮られたりして嫌な気持ちになることもあるのですが、そんなときに当時の気持ちを思い出すようにしています。やっぱり、人間も猫も天狗になっちゃいけないって当時を振り返ると改めて思います。

三軒茶屋の風呂なしアパートで

振り返るとルイ・ヴィトンビルで掃除のバイトをしていた頃が、一番ライブをやっていた時期でもあるんです。たぶん、月20本以上は出ていたと思います。

バイトは朝にしていたのですが、芸人になると言いながらバイトばかりしていたら普通に働いているのと変わらないじゃないですか。だから、とにかくどうやったら売れるかっていうことを考えていて。

ちょうど吉本が新宿に「ルミネ the よしもと」を作った頃で、若手で出る人は毎日出ているという話を聞いて、普通にやったら勝てないんじゃないかと思ったんです。当時僕が好きだったバンドのフライヤー（チラシ）を見ても、スケジュールはほぼ毎日ライブで埋まっていて、なかにはダブルヘッダーの日もあったり。それを目の当たりにして、僕のような〝飛び道具〟みたいな芸人こそ少しでも人前に出なきゃダメだと思っていたんです。

当時は海パン一丁でライブに出ていたので、好きか嫌いか評価は真っ二つに割れました。男のお客さんは面白いって言うけれど、女の人は何アイツみたいな感じで。ただ、その評価でもいいので、とにかくライブにたくさん出るべきだと。もちろんライブに出ても、全然お金になりませんが、何かの引っ掛かりになればと思っていたんです。

その頃は借金も50万くらいあって返済は自転車操業でした。ノーローンをうまく利用し、アイフルとかで50万円借りて、利子がつく前に、別の消費者金融で50万借りて返すみたいな。売れていない芸人の先輩の中には債務整理（自己破産）をしてクレジットカードが持てなくなったとかいう人もいたのですが、僕はやっぱり根がまじめなので、そんな風にはなりたくないと思って借りても50万までにしました。

借金はテレビに出られるようになって1カ月で全部返済できましたが、そのときは芸人って、やっぱりすごいな、ちゃんと頑張れば稼げるんだなって思いましたね。

ちなみに、当時住んでいた三軒茶屋（若林1丁目）のアパートは風呂なし共同玄関、共同トイレで家賃2万8000円で、PンPコ（ポンポコ）といういまもワハハ本舗にいる芸人とシェアして、家賃も折半していました。しかもPンPコは100キロ近くある巨漢で、寝返りを打つと僕が自動的に死ぬっていう鬱陶しさ（笑）。場所は世田谷線の真横で電車が通るたびに震度3くらいになって、マキタスポーツさんが家に遊びに来たときは土足で上がって、家が捨ててあるってつば吐いて帰っていきましたから（笑）。

でも、あるときそのアパートを駐車場にするから引っ越してくれということになったのですが、お金がなくて引っ越せなかった。それで、先輩たちの助言もあって最後まで引っ越さなかったら、立ち退き料として8万円も不動産屋さんがくれたんです。家賃2万8000円だったのに、8万円ももらえるなんて……。人生って、いつ何が起きるかわからないものです（笑）。

1億円の乳首保険

オリンピックを目指したこともそうですが、僕は芸人としていつも何か面白い話題を提供できればと心がけています。

もう10年近く前のことですが、2008年にフルマラソンを始めた頃には、1億円の乳首保険に入ったことが話題になり、東スポの一面を飾ったこともあるんです。

20キロマラソンで、乳首にワセリンを塗るのも知らずに走って、擦れてすごい出血したことは前にも書きましたが、ギャグのときにも乳首をさわったりするので、そのときにまた血が出たら大変だと思ったんです。だって大事な商売道具ですから（笑）。

昔、井上晴美さんがおっぱいに1億円の保険をかけていましたが、おそらく乳首に1億もかけたのは僕くらいじゃないでしょうか。

東スポの一面でいえば、こんなこともありました。

初めてカンボジアに行った際にホテルがお客さんを集めてくれたので、せっかくの機会だしギャグを現地の言葉にしてネタをやったんです。まあ、日本で日本語でやってもよくわからないと言われるので、カンボジアの言葉に訳してもわけがわからなかったと思います。

ただ、最後に「猫の恩返し」っていうネタで、「今日はみなさん、ありがとうございました」と言いながら、僕が5枚くらい重ねてはいていたパンツを曲に合わせてお客さんにかぶせていったら、突然会場がすごく盛り上がったんです。みんなパンツをかぶされるのを「嫌だ、嫌だ」と言いながらも笑顔で楽しんでくれて、もはや笑いを超越していたというか、全盛期の「欽ちゃん」なんじゃないかって思うほどウケたんです。

そのあとコーディネーターのビサールが「カンボジアは仏教国だから頭は神聖なもの。その頭に猫さんのはいていた汚いパンツをかぶせるなんて……」と嘆いていましたが、やっぱり小学生の「うんこ、ちんちん」じゃないですけど、ダメだって言われたり禁止されているものって面白いんじゃないですかね。ビサールは「場所が観光地のシェムリアップだったのでまだよかった。もし首都のプノンペンだったら、即射殺されてた」って言ってましたが……(笑)。

それでも、その話を芸能リポーターの梨元勝さんにしたら、以前、江頭2：50さんがイスラム教徒が多いトルコで全裸になって一時警察に逮捕された「江頭事件」に続く出来事だと言って大爆笑してくれ、東スポが面白いって一面にしてくれたんです。やっぱり芸人なら、何でもしてみるもんです。

第五章

僕のカンボジアライフ

アンコールワットの周辺で、朝に練習

この章では、僕のカンボジア滞在時の生活についてお話ししたいと思います。

首都プノンペンのときは市内のホテルに泊まり、観光リゾートでもあるシェムリアップのときは渡邉さんの経営するゲストハウスの1室を僕の部屋にしてもらい、そこが家みたいになっていました。

プノンペンの定宿にしていたホテルは、同じ建物内にサウナが入っていてそこでマッサージも受けられたんです。

練習のあとは毎回サウナでお風呂に入って、マッサージも1時間受けてだいたい日本円で600円から700円。日本に比べると格安です。マッサージの腕前はというと、1時間でその値段なのでぜいたくは言えませんが、受けないよりは受けた方が疲れも取れるので、いつも受けていました。

ホテルの部屋の引き出しを開けると、なぜかいつもコンドームが出てくるんです(笑)。現地の友人に聞くと普通のホテルだと言うのですが、どうやら現地のお金持ちはこういう一般のホテルをラブホテル代わりに使っているそうなんです。

プノンペンよりも、シェムリアップにいるときの方が長かったです。ゲストハウスにはテレビもシャワーもクーラーもあったのですが、Ｗｉ－Ｆｉはつながったり、つながらなかったり。でも、基本は毎日練習だったので、それほど不便は感じなかったです。

朝はだいたい5時頃に起きて、暑くなる前に走ります。

5時半にはスタートして、ゲストハウスからちょうどアンコールワットの周りを大回りすると約30キロなので、そこを走って9時前には終わりにしていました。

カンボジアは基本暑いのですが、アンコールワットの周りは森に囲まれていて意外と涼しく、静かで落ち着くんです。それに地面が赤土で足に優しいので、練習にも適しているんです。夕方に走ると、どうしても途中で暗くなってしまうので、走るのは朝がベストなのですが、森なら昼間でも陽射しを凌げるので助かりました。僕にとっては絶好の練習場所であり、パワースポットです。

ジョギングしながら遺跡も見られますし、カンボジア人だと遺跡の中も無料で入れます。僕の顔がどう見ても日本人だし、カンボジアでは認知もされていないので、たまに入口で止められることもありました（笑）。それでも、コーディネーターのビサールや現地の友達に犬を追い払ってもらうためにスクーターでついてきてもらっているので、どんどん新しい道を紹介してもらったり、見たことのない遺跡を見られたり、練習はいつも楽しんでいました。

アンコールワットでやるアンコールエンパイアマラソンは朝4時半スタートで、あたりは真っ暗で何も見えないんですが、時間が経つにつれて朝焼けの中で遺跡を見られて最高です。

日本でも、ホノルルマラソンなど海外のマラソンに参加する方は多いですが、アンコールエンパイアマラソンはお勧めです。途中で犬に追っかけられる可能性もありますが、それも含めて楽しめると思います（笑）。

練習が終わったあとの午後は筋トレをしたり、昼寝をしたり、映画を観てリラックスしたりしていました。もちろん、ネタを作ることも。それで、夕方にまたちょっと走って、夜は早めに寝ていました。

プノンペンは夜に1人で歩くと危ないエリアもありますが、シェムリアップは1人でも安全に飲める場所がたくさんあります。ただ、僕は毎日練習していて疲れもあったりしたので、なかなか飲みに行くような気分にはならなかったです。

原付バイクにiPhoneを盗まれた

現地での食事は、だいたいカンボジア料理でした。ホテルで食べたり、近くに屋台や安いご飯屋さんはたくさんあったので、お腹が空いたら食べに行ってました。日本人の方だとカンボジアの衛生面とかを気にしている方も多いかもしれませんが、水と氷だけ気をつけて火が通っているものを食べれば基本は大丈夫。カンボジアンバーベキューは牛や鶏、豚以外にも水牛やワニなんかの肉も食べられて、かなり美味しいです。

カンボジアの治安は基本いいです。ただ、プノンペンは場所によってよくないエリアもあって、僕も一度練習しているときに「iPhone」を盗まれたことがありました。油断していたこともあったのですが、iPhoneで音楽を聴きながらジョギングし信号待ちをしていたんです。そしたら、通りの向こう側からカブ（原付バイク）が来て、一瞬でiPhoneを持っていかれてしまったんです。音楽を聴いていたので、イヤホンだけだらりと垂れて残っていました（笑）。

すぐに追いかけましたが、逃げ足が速かった。大声で「ドロボーだ」と叫びましたが、日本語で叫んだので通じるはずもありません（笑）。そのあとは、現地の知人に連絡を取って警察に行きました。確か午後の6時半頃だったと思いますが、警察に行ったら、こう言われたんです。

「今日は5時までだから、明日また来てくれ」

警察が夕方5時までって、郵便局じゃないんですから（笑）。でも、そう言われて諦めがつきました。きっと僕のiPhoneはどこかの市場で売られたことでしょう。カンボジア、とくにプノンペンに行く方はスマートフォンの扱いにはお気をつけください。

カンボジアのコーチ、パイソク

カンボジアの穏やかさ（いい加減さ）については、挙げたら本当にキリがありません。僕が、初めてカンボジア代表として出場した、インドネシアのパレンバンでの東南アジア大会。その大会前に、ジャージを作ってもらったときのことです。

事前に採寸をした際に2人のスタッフが首回り、腕回り、腰回りなどを丁寧に測ってくれていたので、結構ルーズなところがあるのにしっかりとやってくれるんだなと感動してたんです。ただ、後日ジャージが届いたら、何だか大きい。よく見たら、タグがついていて「Mサイズ」と書いてある。あれだけ採寸をしておいて既製品ってどういうことなんでしょう。しかもSじゃなくMサイズで、ダブダブでした（笑）。

そんなのは序の口です。この東南アジア大会で、僕は何とか当時の自己ベストを更新できたのですが、レースは猛暑だっただけでなく、その前の移動や当日の朝もいろいろ大変だったんです。

まずカンボジアの首都プノンペンからパレンバンへの飛行機での移動が、プノンペン↓クアラルンプール（マレーシア）↓ジャカルタ（インドネシア）↓パレンバンですから。パレンバンへはインドネシアの首都ジャカルタ経由じゃないと行けないのはわかりますが、なんでクアラルンプールをかませているかというと、飛行機の値段をなるべく安く抑えたいからなんです。選手のコンディションより、値段優先です（笑）。

それにジャカルタで一度荷物を取ったら、みんな荷物を枕にして空港の床で横になったんです。最初は、トランジットが長いのでここで少し休むのかなと思ったのですが、なかなか動かない。なかには年配のスタッフもいます。

代表チームのジャージを着ているわけだし、ちょっとダラしないというか締まりがないなと思ったんです。2時間くらい経っても一向に動く様子はありません。それで、いつまで待つのか聞いたら「猫さん、ここがホテル」って言うんです（笑）。そう言われたら、新参者の僕が文句を言うわけにもいかないし、1人だけホテルに泊まるわけにもいきません。仕方ないのでそこで一緒に横になることにしましたが、布団も枕もないし、クーラーがガンガン利いている空港のロビーで約8時間って絶対に体を壊すと思いませんか。

正直、試合直前で体も調整してきているので、勘弁してほしいと思いながら寝ていたら、ほかの選手が何かブツブツ言っているんです。現地の言葉（カンボジアの公用語はクメール語）だったので、何を言っているかその場ではよくわからなかったのですが、あとで聞いたら「ホテルに泊まらせろ！」とスタッフに抗議していたようなんです。

それに対してスタッフは「見てみろ！　日本から来たあの選手だって文句1つも言わないじゃないか！　見習え！」って言っていたようなんです（笑）。

僕だって、クメール語が話せたら文句の1つくらい言っていたと思いますが、こんな対応もいかにもカンボジアらしいです。

レースの朝も大変でした。カンボジア代表にはパイソクというコーチがいるのですが、本来は陸上のコーチじゃないんです（笑）。元々は軍人なので、陸上のことはあまり知りません（笑）。

レースは朝6時半スタートの予定でした。暑い国なので、日中はできないので朝が早いことは仕方がない。でも、前日の夜にコーチから「明日、何時に起きるのか？」と聞かれて、僕が「2時には起きます」と言ったら、「2時!?　オマエ大丈夫か！　体を壊すぞ!?」と驚いているんです。

普通マラソンの日はレースの4時間前に朝食を食べます。だから、僕はまだ食堂もやっていないだろうと、レースの日の朝に食べる食事まで自分で用意していたのに、パイソク・コーチはそんなことまるでわかっていないんです（笑）。

また、会場に行くときも開始2時間前の4時半に選手村を出ようとしたら、もう選手用のバスが行ってしまったと言うんです。アップの時間などを考えると、その時間には出ないと間に合わなくなってしまう。でも、パイソク・コーチは確認もせずに「大丈夫、大丈夫」と言っているだけ……。そのまま待っていても次のバスは来る気配がない。そこでビサールに確認してもらい、ちょうどスタート地点に向かう大会関係者がいるということで、ヒッチハイク的に乗せてもらい、何とか5時半くらいに会場に着けたんです。もし偶然会場に向かう関係者がいなくて、乗せてもらえないであのまま待っていたら絶対に間に合ってなかったと思います（笑）。

スタート時間が突然変更される東南アジア大会

ところで東南アジア大会のマラソンに何人くらい出ていると思いますか？　東南アジアというだけに多くの選手が出ていると思われるかもしれないですが、実は15人くらいしか出ていなくて、意外と少ないんです。

また、東南アジアならではというか、何とか〝ヒッチハイク〟でスタートに間に合いましたが、会場に着いたら日本から取材に来ていたテレビスタッフの方がこう言うんです。

「猫さん、スタート時間が変わったのを知っていますか？」

「えー！」。当然知るわけありません。

聞けばスタートが6時半じゃなく6時になって、準備する時間はあと10分しかないわけです。でも、やるしかない。本来はアップで2、3キロは走るのですが、100メートルダッシュを2、3本やってスタートラインに立ちました。

そのときは、ちょうど日本からワハハ本舗の社長の喰さんも応援に来てくれていました。レースの時間が変更になっていたのは当然知らないですから、いきなり走ってきた僕を見て「あれ、猫ちゃんアップしてるの!? でも、後ろに選手がいるから、もしかしたらもう始まってんの!?」って思ったらしいです。もうバタバタです。

それから、またやってくれたのがパイソク・コーチ。そのレースでは、給水のスペシャルドリンクを2カ所に置けたのですが、1つはワハハ本舗のマネージャーさん、もう1つをパイソク・コーチが自ら置いてくれると言ってくれたのですが、パイソク・コーチが給水の場所を間違えていたんです（笑）。最初の給水所で、周りの選手はちゃんと取っているのに僕の分だけ置いてない。それで、沿道を歩いていたパイソク・コーチに「コーチ！　ドリンク！　ドリンク！」と大声で言ったらコーチは一言「猫！　ストロングッ！」って。もうどうにもならないです（笑）。

給水はストロー付きのコーラ

パレンバンの東南アジア大会で時間が前倒しになったことを話しましたが、カンボジアでも何回かありました（笑）。

プノンペンのハーフマラソンもスタートが朝6時半だったので5時半頃に会場に着いてアップをしていたら、6時過ぎにいきなり何の前触れもなく司会者が「3、2、1、ドンッ」って。最初は何だかわからなくて慌てましたが、みんなが走り出したので仕方なくスタートしました。さすがに押すのは日常茶飯事でも、巻いてスタートって意味がわからないです（笑）。

ゴールしたあと、大会委員長のところになんでスタート時間が早くなったのかを聞きに行ったら、「みんななんとなく揃っていたから」と。なんとなく集まったから始めようって完全に学生のコンパのノリと一緒なんです（笑）。

また、その大会はコカ・コーラがスポンサーだったのに、ゴール後に配られたのがなぜかペプシコーラ（笑）。日本じゃ、まずありえないです。

それに、マラソンの途中には給水所が設けられているのですが、普通そこには紙コップに入った水かスポーツドリンクが置いてあります。カンボジアは暑いので、脱水症状を防ぐ意味でも、給水所はたくさん用意されてはいます。でも、それがコーラで、缶にストローが差してある。飲み辛いし、ストローで吸うと肺活量をめっちゃ使うので、すごく疲れるんです。しかも、せっかく飲んでもコーラで喉がシュワシュワして、少し吐いている人もいました（笑）。

カンボジアのマラソンあるあるは、まだあります。普通フルマラソンを走り終えたあとには、補給食としてあんパンやバナナが置いてあるものです。ところが、カンボジアではそういうものが置いていないことも多く、あるマラソンではゴール後に熱々のコンソメスープが出てきました。気温35度、42・195キロ走ったすぐあとにですよ。

僕はそのとき優勝したから、料理長みたいな人が出てきてカップにコンソメスープを注いでくれたんです。

走った直後にそんなの飲みたくないじゃないですか。でも、「優勝したあなたにぜひ飲んでほしい」と強引に飲まされて（笑）。もしかしたら大会のスポンサーだったのかもしれないですが、さすがにキツかった。優勝したことで、誰よりも熱々のコンソメスープを飲まされたわけです。一応、キャラクター的には猫舌ということになっているのに……。

あと2014年だったと思いますが、カンボジアの大会で僕が優勝したんです。マラソンって普通42・195キロじゃないですか（当たり前です！）。ただ、タイムがいつもより遅いなと思ってGPS時計を見たら、45キロだったことがあったんです。僕の時計がおかしいのかなと思って、ほかの人のを見ても、みんな45キロでした。3キロも長かったので、どうりで最後キツいと思ったわけです（笑）。

1位猫、2位犬です

東南アジアではまだ日本や欧米ほどマラソン文化が根付いていないので、やむを得ない面もありますが、大会運営などについては、もう少し何とかなればという思いはあります。

朝早いこともあって沿道で応援している人もほとんどいないですし、たまに近所のおじさんがそのへんでたき火をしていたり。それに先導のバイクがいないことも多く、途中で野良犬に追っかけられたりするので大変なんです。

僕がカンボジアで拠点にしていたアンコールワットがあるシェムリアップも、すごく犬が多いところでした。しかも、飼い犬も99パーセント首輪をしていないので、ほぼ野放し。だから、練習中もよく犬に追っかけられるんです。

あるレースでは、僕が先頭を走っていたのですが、最後犬に追いかけられて1位猫(僕)、2位犬ってときがありましたから。傍から見たら猫と犬の、ただのデッドヒートです(笑)。狂犬病のウイルスを持っている犬も多いので、噛まれて発症したらアウトだというのに。

練習のときも追われるのはしょっちゅうだから、一応、自転車やバイクでついてきてもらって、犬が来たら、誰がどう動くというフォーメーションを最初に作るわけです。基本、僕は走っているので、自転車やバイクの人が犬を追っ払う役になります。ただ、一度後輩芸人の魔法使い太郎ちゃんに手伝ってもらっていたときに、犬がバーッと来たら、僕より先に逃げたんです。自転車で僕のアキレス腱を踏みながらですよ。どうにか逃げ切って大丈夫だったのですが、オリンピック代表候補選手の僕をケガさせたと思ったのか、直後の太郎ちゃんの顔は完全に青ざめていました(笑)。

魔法使い太郎ちゃんと言っても、みなさんわからないと思うので、一応言っておくと、うどの大木みたいに無駄に185センチ、130キロもある大男なんです。それで普段から、頭に大きなピンクのリボンをつけて魔法使いみたいな格好をしているので、カンボジアの人もアイツは何者だって感じで見ていましたから。カンボジア人の僕よりもカンボジアで目立っていました。

それからカンボジア代表チームで高地トレーニングに行った際に（高地と言ってもカンボジアに高い山はないので標高1000メートル程度だったのですが）、あとで聞いたらその山は野生のトラが出ることもあるとか。「それ先に言えよ」って話です。僕、その山で普通に走っていましたから（笑）。もし僕が噛まれたら、「猫、トラに噛まれる」って絶対新聞の見出しになったでしょうね。

レース前日の深夜に電話

これはカンボジアに限ったことではないですが、海外に遠征などに行くとしっかり睡眠を取りたいレース前日に邪魔されることが結構あるんです。

2015年のシンガポールでの東南アジア大会も、試合前日に何度も起こされたことがありました。

当日は朝が早いので、前日は早い時間に寝るのですが、このときは3回も。1回目は部屋の呼び鈴を押されて出たら、見たことのないシンガポールのジャージを着た選手が立っていて「ワオッ！　ソーリー！（ごめんなさい）」って（笑）。次は、（新宿）2丁目のゲイの友達から携帯に電話がかかってきて、「猫ちゃんいま2丁目で飲んでるんだけど、来れる？」って。

「行けるわけないだろ。いまシンガポールだし、明日レースだから！」

深夜0時過ぎですよ。

3回目は、もういい加減寝たいと思って携帯の電源を切って寝ていたら、部屋の電話が「トルルルルー」って鳴ったんです。夜中だし何か緊急なことでもあったのかな？と思って出たら、チームスタッフから「○○の部屋番号知らないか？」って。

「知らないよ！」

レース前日に3回も起こされるって〝アウェイの洗礼〟かと思いましたが、ほとんど身内なんです（笑）。

でも、こういうことってよくあって、カンボジアの国内選考会のときも、前日にホテルで寝ているときに、部屋をノックされ出たら、見知らぬ西洋人家族が立っていたことがありました。

子どもが楽しそうに浮き輪をつけていて、誰だよって思いましたが、どうやら部屋の階を間違えていたようでした（笑）。

リオ五輪のマラソンの前日も、日本との時差が12時間だったので、夜中ではなく夕方だったんですが、酒癖が悪いヤツらから連絡がありました。仲良しの地下芸人がいっぱいいるのですが、大勢で飲んでいるところから電話してきて、「オマエやったな！　ところでオリンピックいつ？」って。

「明日ですよ、明日！」

そしたら、先輩芸人の1人が「いま代わるから」と言って、次々に酔っ払いが出てきて。最後は一周したので「もう切る！」って、いったい何だよって。

僕はレース前日になると、必ずなんかあるんです。

カンボジアで大人気のアジャ・コング

実は、カンボジアのテレビでは、日本の女子プロレスが放送されていたこともあって、〝女子プロ〟がすごい人気なんです。

しかも、元レスリング選手のチョムラーン専務理事はアジャ・コングさんの大ファンで、これは本当にたまたまですが、アジャさんは僕と同じワハハ本舗所属。アジャさんに一緒にカンボジアに行ってもらったときは、すごく喜んでくれました。

そのとき、カンボジアの関係者がアジャさんに「飛行機の中からいつものメークをお願いします」と言ってきたのですが、アジャさんが無理だと言うと、「じゃあ一斗缶だけでも持って空港を出てきてほしい」って（笑）。

さすがにアジャさんも飛行機の中からメークはできないし、一斗缶だって持ち込めるわけないじゃないですか。それでも、アジャさんのカンボジアでの知名度はすごくて、ノーメークで街に出ても、歩いている人に「アジャ・コングさんですか？」と言われるほどだったんです。

後にアジャさんがスケジュールが合わずにカンボジアに来られなかったとき、代わりにアジャさんの仲間の女子プロレスラーさんにカンボジアに来て試合をやってもらったこともありました。そういう意味では、カンボジアの五輪委員会や現地の陸上関係者の方々と親しくさせてもらう過程には、アジャさんに一役買ってもらった部分もあったんです。

カンボジア人とのコミュニケーション手段

カンボジアのスタッフや選手とは、基本は英語とクメール語（カンボジアの公用語）のごちゃまぜでコミュニケーションを取っていました。

ただ、カンボジアに滞在しているときは、だいたい現地コーディネーターのビサールが一緒だったので、難しい話はビサールに通訳をお願いしていました。

選手同士のちょっとした会話なら、ジェスチャーを交えてごちゃまぜでも何とかなりますし、スマホの言語変換のアプリを使ったりもしていました。

アプリはたとえば相手が「何が食べたい？」って聞いてきても、「で、君はどこを食べた？」みたいにうまく変換されないことも多く、それがかえって面白くてコミュニケーションを取るのを助けてくれました。

クメール語はカンボジア滞在時には、青空教室で子どもたちと一緒に勉強したり、日本にいるときは毎日、本やインターネットなどで何かしら見たり聞いたりして忘れないようにしていました。

実は、いまも日本にいるときは週1で銀座に〝駅前留学〟しているんです。先生はカンボジア人で、少しでも耳にした方が覚えられますから。何とか日常会話はこなせるようになったし、やっぱり簡単な言葉でも直接コミュニケーションを取れた方がいいじゃないですか。カンボジア人ですからね。

僕は2011年に国籍を変えて、その後カンボジアと日本を行き来するようになったのですが、その少し前に子どもが生まれて、当時はカンボジアにいることが多くて、あまり子どもの成長を見守れなかったんです。

正直、嫁や娘に会えずに、ホームシックにかかることもありました。そんなとき、嫁とLINEでやり取りしていると、僕が見ないうちに娘はどんどん大きくなっていて、気づいたときには二足歩行していました（笑）。

一度、娘をカンボジアに連れて行ったときは、すごく喜んでいましたし、また機会があれば家族で〝帰国〟しようと思っています。

でも、リオ五輪のあと当時5歳だった娘にパパの仕事何かわかる？　って聞いたら、ランナーでも芸人でもなく、カンボジア人って言ってましたし、リオ五輪の順位がビリから2番目だったことだけはわかったのか、「幼稚園の私のかけっこより遅い」なんて言われてしまいました（苦笑）。

僕は、純粋なるカンボジア人です

カンボジア滞在中にコーディネーターとしてお世話してくれたのが、これまでに何度も名前が出てきているビサールです。というか、ビサールはコーディネーターであり、代理人であり、マネージャーというか付き人みたいな存在でした。そして正確に言うなら、僕より年の若い〝兄貴〟なんです。

なぜ兄貴かというと、僕はカンボジアの戸籍上はビサール家の養子ということになっており、元々9人兄弟だったビサール家の10人目の子どもになっているんです（笑）。

少々ややこしいですが、カンボジアに国籍を移しても戸籍がないと、住民票やパスポートを取るのも難しいので、そのときに一番骨を折ってくれたのがビサールだったんです。

ビサールは会ったときから日本語がペラペラでした。誰からも好かれるキャラクターで、五輪委員会のチョムラーン専務理事との間をつないでくれたり、国籍変更の手続きの際にはビサールが本当に頑張ってくれました。

ビサールは元々カンボジアの小学校の先生だったのですが、日本人の彼女を作ったりして日本語を覚えたようで、会話だけでなく漢字の読み書きもできるんです。あるとき、一緒にカンボジアのカフェでケーキを買っていたら、ショーケース越しにケーキを指さし「これとこれ（をください）」って日本語で言ってましたから（笑）。

カンボジアで練習する際には、バイクでついてきてくれ犬を追い払う役をしてくれたり、海外でのレースに出る際には通訳を兼ねてスタッフとして同行してくれたり、本当に感謝し切れないくらいお世話になりました。

ただ、一度日本で付き人としてテレビ局に連れて行った際には、スタジオが「明るすぎて気持ち悪い」と言って、次の日から来なくなっちゃったことがありました。急に来なくなっちゃうあたりはいかにもカンボジア人なのですが、相当眩しかったんですかね。初めて会ったときは痩せていたのですが、いまは体形も丸くなり、頭もちょっとハゲてきていて、ストレスをかけすぎてしまったのかもしれないと反省しています（笑）。

また、たまに誤解されている方がいるのですが、僕はカンボジアと日本の二重国籍ではありません。カンボジア人になるときに、日本の国籍は放棄しました。日本は二重国籍が認められていないからです。

普通の人は、国籍を変える際は、両親などに相談するのかもしれませんが、僕はもう大人として自立していましたし、親にお金を援助してもらっているわけでもなかったので、細かい説明は身内にもしていませんでした。

２０１２年のロンドン五輪出場がダメになったときにも、父親が電話をくれてこう言ったんです。

「オリンピックに出場できなくなって大変だったな。でも、オマエが努力してきたのはわかる人にはわかってもらえるはず。これからも〝ベトナム代表〟として頑張れよ」って（笑）。

ベトナムじゃなくてカンボジアですから。

実はこういうのはすごく多くて、たとえばタクシーの運転手さんなんかにも降りる際に「応援しています。頑張ってください〝ミャンマー〟」なんて、よく言われました（笑）。

それから、「オリンピックが終わったら日本国籍に戻すんだろ」とか言われますが、僕はまったく戻す気はないんです。だって戻すわけがないんですよ、〝外タレ〟は僕の特権ですし、きれいごとに聞こえるかもしれませんが、カンボジア人になったことで知り合えた友達や選手も多いですから。これは本気です。

カンボジア国籍を取得したときは、事務所に出入国管理局から電話がかかってきて、こう言われたそうです。

「今日から日本のパスポートは使えませんので、注意してください」

元タレントで参議院議員の蓮舫さんはしばらく2つパスポートを持っていたのに、なんで僕のところだけ、こんなにきっちり連絡が来るんですかね(笑)。

ちなみに僕がカンボジアから日本に行く際には、当然、空港の入国審査場で〝再入国〟の列に並びます。すると、僕の顔を見たスタッフが絶対に笑うんです。これは、もう鉄板です。

最後の税関検査もそう。「今回は何で?」と聞かれ、「マラソンの練習です。ランナーなんで」と言うと、必ず「頑張ってください」と言われ、すぐに通してくれるんです(笑)。

わがままなライバル

カンボジア人になったことで多くの友達ができたことは前にも触れました。

2012年ロンドン五輪を目指す過程で日本では大きな批判を受けることになりましたが、そのときに僕の救いになってくれたのも彼らでした。

とくに同じ陸上のカンボジア代表候補選手だったキエン・サモーン選手は、僕に代わって男子800メートルの代表としてロンドン五輪に出場しましたが、当時、僕が日本に出国する際に空港までわざわざ見送りに来てくれたんです。

サモーン選手は僕よりも年は少し下ですが、カンボジアの陸上代表候補の中では〝部長〟みたいな存在で、新しい選手やスタッフなどが入ったりするといつも僕に紹介してくれたりしていました。

マ・ビロー選手は同じフルマラソンの選手で、タイムは僕に次ぐ2番手。いわばライバルです。

ことしの夏はクアラルンプール（マレーシア）での東南アジア大会に、ともにカンボジア代表として出場し、部屋も一緒でした。

マラソンのスタートは6時半で、当日、僕は2時半に起きるつもりでした。でも、マ・ビロー選手は「オレは4時半に起きる」と言っているんです。「もうちょっと早く起きた方がいいんじゃない」とは言いましたが、マ・ビロー選手も経験がありますし、彼の考えもあるのであまり強くは言いませんでした。

結局、バスが4時半出発だったとわかり、マ・ビロー選手も「オレも猫と一緒に起きる」と言ってましたが、万事がそんな感じです（笑）。

また、当日の朝ご飯について、どうするか聞いたら、僕が前日にカーボローディング用にあげたカステラとチョココロネパンがあるので、「大丈夫」って言うんです。散歩に行くんじゃないのに（笑）。

そこで、僕の日本から来ていたスタッフがマ・ビロー選手のためにおにぎりを作ってくれたので、それを食べればと言ったら、結構わがままで「それは冷たいから食べたくない」って言うんです（笑）。

仕方ないので、僕は用意した炊飯ジャーで炊いたご飯にシーチキンなどをおかずにして食べる予定でしたので、それをシェアして食べることになったのですが、いざ食べるとなったら温かいご飯が相当美味しかったんでしょうね、僕よりも食べているんです。正直食べすぎだろって思いましたけど（笑）。

レース用のスペシャルドリンクもいつも用意していないので、よくあげたりしています。でも僕の分だけで足りないときはあげられないので、それを伝えると「問題ない」って言うんです。そしたら、レース中にほかの国の知らない選手のスペシャルドリンクを勝手に取ってました（笑）。すぐに気づかれて戻していましたが、一口だけ飲んでいて、そこで「飲むのか」って思いました（苦笑）。

給水で言うと、ミャンマーで東南アジア大会に一緒に出たときも、マ・ビロー選手は用意していなくて、どうするのかなと思ったら相当に喉が渇いていてお腹も空いていたんでしょうね。最初の給水でスポーツドリンクとパンと頭に水をかけるスポンジが置いてあったので、バーゲンセールみたいに全部取っていましたから（笑）。取りすぎだろうと思いましたが、案の定、その給水でだいぶタイムをロスしていました。

カンボジアの陸上候補合宿などには10代後半から20代前半の若い選手も参加しているのですが、彼らが僕のことをどういう風に思っているかも気になっていました。

そしたら先日、ＮＨＫのドキュメント番組がカンボジアの若手選手を取材しており、僕のことを聞いているんです。

彼らはこんなことを言っていました。

「実力は猫さんの方が上だし、しっかり練習もしてタイムも出しているので、オリンピックに行ったのは当然だと思います。どういう風に練習したらいいかを学んで、僕たちも次の東京五輪を狙って頑張りたい」

みんなオリンピックに行きたいんだなって改めて感じましたけど、彼らが僕のことをリスペクトしてくれていたのはうれしかったですね。

カンボジアの陸上選手はみんなライバルであり、仲間ですが、本当に嫌な選手なんて、1人もいないんです。

第六章

マラソン芸人・猫ひろしの未来

嫁にあびせたイヤミ

嫁には本当に苦労をかけたと思います。カンボジアでの暮らしが長くなり、久々に日本に帰ってきたときも、1人で子育てしてくれているのに、ほとんどグチをこぼすこともなかったですから。

それでも、一度だけ器が小さいと嫁に怒られたことがありました。

性格的には僕の方が几帳面で、精神的に芸人からアスリートに変わっていっている部分もあったんだと思います。たまたま家に帰って冷蔵庫を開けたら、賞味期限がわずかですが切れているものが入っていたので、露骨にイヤミを言ってしまったんです。

そしたら「なんでそういうこと言うの！」って。

嫁にしたら、ダンナがずっと家を留守にし、1人で子育てしているのに、なぜそんな細かいことを気にするのと思ったんだと思います。それで、泣きながら外に出ていき、誰かに電話していると思ったら事務所のマネージャーに電話していました。僕もそのときは、自分で思っている以上に、ピリピリしていたのかもしれません。

「前の小学生！　止まりなさい」

第五章でカンボジア滞在時のマラソン練習中の出来事については触れましたが、ここで日本でのトレーニング中に起こったことについて少し紹介させてください。

面白かったのは芸人の先輩なべやかんさんとのこと。やかんさんは、昔パワーリフティングをやっていたこともあり、体を動かすのが好きなので、夜間に一緒に走ったりしていました。

2人とも身長が低いので（やかんさんは156センチ）、あるとき、後ろからパトカーがやってきて警察官がマイクで「前の小学生！　止まりなさい」って言うんです。やかんさんに「止まれって言ってますけど、止まった方がいいんですかね？」って聞いたら、「小学生じゃないんだから、止まらなくてもいいだろ」って言うんで、そのまま走ってました。そしたらパトカーが並走してきて、警察官が僕らの方を見て「ああ、なんだ。猫とやかんか」って言ってそのまま通り過ぎていったんです（笑）。

また、阿佐ヶ谷から北千住までの30キロを走っていたときは、途中で道に迷って足立区に入っちゃったんです。次の仕事まで時間もなかったので警察官に「北千住どこですか？」って聞いたら、「南千住じゃダメか？」って。これ本当なんです。北と南じゃ、舘ひろしと猫ひろしくらい違うだろうと思ったんですけど……（笑）。

ちなみに、もっと手前で「北千住どこですか？」って聞いたら、その警察官は「ずいぶん遠いね」と言ったあと、遠くの空を指さして「あっち！」って言いましたから。わかるわけないじゃないですか。

あとは、これも警察ネタですが、走ってて「どこそこに行きたい」と道順を聞くと、必ず返ってくる答えが「そこで地下鉄に乗って、どこで乗り換えて」って。いやいや、走ってるから！

カンボジアほどではないですが、日本でも走っているといろいろなことが起きるものです。

カンボジアでは、シェムリアップのアンコールワット遺跡のそばを走るのが好きでしたが、日本国内なら皇居や自宅のある江東区の周辺で走るのが好きです。

皇居は、ランナーの間ではすっかり有名な場所ですが、江東区もランナーの人は全員住んでもらいたいというか、走るところに事欠かないんです。

何がよいかっていえば、歩道が広いですし、夜は街灯もちゃんとある。お台場方面は信号が少なく、木場公園は1周1・5キロほどでスピード練習もできます。辰巳の駅前には芝生の大きな公園があってアップダウンの強化もでき、近くにコンビニもある。新しく開発されたエリアが多いので、まさにランナーにはもってこいの場所なんです。

たまに新橋あたりを走っていると、「猫だ！　猫が逃げた！」なんて追っかけられることもありますが、そういうこともないですから（笑）。

芸人なりに、本気でマラソン

僕の本業は、芸人です。

でも走るときは一生懸命、誠実にやろうというのはいつも心がけていました。芸人ですが、オリンピックを目指していたわけですし、バラエティー番組に出ているのとは違うので。そこは自分の中で1つの線引きじゃないですけど、競技に対してはまじめにやるという感じでいました。

まじめにやればやるほど面白いと思ったんです。だって猫ひろしが、真剣な顔でオリンピックに出ていたら、えっ！　ってなるじゃないですか。逆にふざけたら面白くない。

それと、オリンピックに出るような選手は、みんなまじめに練習してきた人たちです。そんななかにふざけて出るなんてできません。

たとえば、お笑いのM-1グランプリでもR-1ぐらんぷりでもいいんですが、そこにアイドルや芸人とはまったく関係ない人が中途半端な気持ちで出てきたら、やっぱりアイツなんだってなりますよね。でも、そこに一生懸命さがあれば認めてもらうこともできるのかなって。

もちろん人に認めてもらうためにやっているわけではないし、自分自身のためにやっているのですが、本気でやっているという部分だけは示したかったんです。

リオ五輪出場が決まったときは、ロンドン五輪のときほど批判はありませんでした。たぶん、世の中の人は僕のリオ五輪出場というニュースを聞いて、「まだやってたんだ」とか「まだ諦めてなかったんだ」とか思ったのではないでしょうか。

僕自身は何も変わってない。ただ、毎日30キロ以上走っていただけで、周りの人の見方が少しだけ変わったのかなと思うと、そこは素直にうれしかったです。

最初にあれだけ批判していた人たちが、どこへ消えてしまったのかはわかりません。批判するなら覚悟を持って批判すればいいのになとは思いましたし、そこだけは嫌でした。

直接会った人はだいたい「応援しています。頑張ってください。会って印象が変わりました」って言ってくれるんです。素直にうれしいです。気になるのはそれまでどう思っていたのだろうってことですね。僕そんなに印象悪いですかね（笑）。

芸人とマラソンの両立

ロンドン五輪からリオ五輪までの4年間で一番大変だったのは、本業である芸人とマラソンの両立でした。

リオ五輪出場が決まってからは仕事を休んでトレーニングに集中していましたが、それ以前は、1年間のうち約4カ月はカンボジアに滞在してトレーニング、日本に滞在している間は普通にライブに出たり、営業で地方に行ったりしていましたから。

たとえば地方の営業に行くと、仕事終わりで地元の方が美味しいお店に連れて行ってくれて、「2軒目、3軒目に行きましょう」という流れになるのですが、1軒目はお酒なしでご飯だけいただいて、2軒目は「このあと走らないといけないので」と言って、途中でドロン（言い回しが古い！）。

それでも、走り始めるのは夜の11時とか12時くらいで、深夜に道に迷ってコンビニなどに寄って、「あっ！　猫ひろしだ！」と酔っ払いや若者に絡まれて大変な目にあったこともありました。

競技でやる以上、どうしても一定の練習量は必要になりますが、僕の場合は時間が限られています。そんななか東京で仕事の際などに工夫していたことの1つが、家に帰る前に走ることでした。

家に帰れば食事もあり、お風呂に入ることもできますが、そこからもう一度外に出て走ることは気持ち的にキツい。なので、朝5キロくらい走って、その後現場までリュックを背負って走り、仕事が終わったらまた走って帰るようなことも。あるときは、横浜の現場から約25キロを走って自宅まで帰ったこともありました（笑）。仕事の合間にジムに寄ることもありますし、走る準備はいつもしています。

リオ五輪の前は、朝だいたい5キロから10キロ走って仕事に行って、終わってから20キロから25キロ走って帰るみたいなことをしていました。1日最低でも30キロは走っていましたし、月間で1000キロは走っていました。だいたい実業団の選手もこれくらい走っていると聞きますし、僕はジョギングならいくらでも走れるんです。

一方で、カンボジアに行っているときは仕事をやっていなかったので、金銭面は不安でした。とくにリオ五輪前の約5カ月間は、取材を除いて仕事をしていませんでしたから。

カンボジアのパスポートの職業欄は一応「スポーツマン」となっていますが、カンボジアで走っても一切お金はもらえません。まあ、カンボジアは物価が安くて助かったのですが、嫁とまだ小さい娘は東京にいましたし、収入はなく貯金を切り崩しながらの二重生活でしたので、万が一リオ五輪に出られていなかったら一家で飢え死にするところでした（笑）。

正直、初マラソンを走ったときは、まだ伸び代《しろ》はあるし、どこまでタイムを縮められるのかなと思ったのですが、サブ3を切ってカンボジア国籍を取得した頃は、限界も感じていたんです。そこで、タイムを縮められたのは、やはりリオ五輪に出るという大きな目標があったからだと思います。それがなければ、選手としてここまで続けてこられたかはわかりません。

マラソンってあるレベルまでは練習した分が、そのままタイムにつながる面白さがあります。もちろん、それも一定レベルまでで、さすがに3時間を切ったらそう簡単には縮まりません。タイムだけを見れば、僕も順調に成長してきたように見えますが、実はなかなかタイムが上がらず「もうここまでかな」と苦しんだ時期もありました。

ただ、コーチや周りのランナーから「絶対に諦めないでください」と励まされて、継続的に練習することで、何とかここまで来ることができました。雨の日も雪の日も、毎日30キロ走って、スピード練習など過酷な練習もやりました。いま振り返ってみると、そうしたコツコツした努力、地味な作業が点と線でつながったと感じる部分もあります。だからこそ、リオ五輪では恥ずかしい走りだけはしたくなかった。リタイアだけはしない！　僕はそんなことを思っていました。一度カンボジア代表としてアジア大会に出てビリになったこともあります。リオ五輪でも男子の1週間前に行われた女子のカンボジア選手が、一生懸命に走りましたが最下位になってしまっていましたから、男子と女子でビリになるのはもう嫌だったんです。

オリンピック後にやっと認知してくれたカンボジア人

オリンピックが終わってからは、いろいろな変化がありました。まずは日本に戻らず、解団式のためカンボジアの首都プノンペンに帰国したのですが、空港では花束をもらったり、首飾りをつけてもらうなど祝福していただきました。

カンボジアで一番注目されている選手はアジア大会で金メダルを取ったこともある女子テコンドーのソーン・シウマイ選手です。リオでは負けてしまいましたが、メディアの注目は一番。だから、空港でも多くの報道陣が彼女に集中して、僕がそのそばを通ったら、「ちょっと君、どいてくれ」って言われました（笑）。

まあ、それは冗談として僕も街を歩いていて初めて指を差されました。行きつけのサウナでも、それまで素っ気のなかった店員さんが「オリンピックのマラソン見たよ。カンボジア人だったんだね？」と声をかけてくれて、ペットボトルの水をサービスしてくれたんです。それから、いつも泊まっていたホテルのそばにいる仲の良かったトゥクトゥク（三輪タクシー）の運転手なんて、「スーパースター」と言ってくれて、ビールをご馳走してくれて一緒に乾杯したんです。きっとインターネットやテレビで見てくれていたんでしょうね。

オリンピックのあと初めて来日したときは（一応、外タレなんで、帰国じゃなく来日なんです！）、報道陣がたくさんいて少しは話題になるかなと思っていたのですが、待っていた報道陣はほんの数人で……。出迎えてくれたのは魔法使い太郎ちゃんら僕の周りの売れていない後輩芸人ばかりでした。相変わらずみんな派手な格好で、恥ずかしいのでそのまま素通りしようかと思ったのですが、せっかく来てくれたのでしょうがなく一緒に帰りました。周りの人は僕に気がつくというより、後輩芸人があまりに奇抜な格好をしていたので、クスクスと笑っている感じでした（笑）。

リオから戻ったあとは仕事のオファーをたくさんいただけました。

日本代表としてオリンピックに出ていた選手と一緒になることもあって、女子重量挙げでリオ五輪で銅メダルを獲得した三宅宏美さんとは映画のPRイベントに一緒に参加させてもらいました。国籍は違っても、同じアスリートとして呼んでもらえて本当にうれしかったです。

以前は日本で歩いていたり電車に乗っていたりすると、陰でこそこそ笑われたりしていたのですが、オリンピックが終わってからは、かなり反応が変わったなというのは自分でも実感しました。

家の近所でもオリンピックに出る前は昼間から走っていると、あの人何やってんだろ？　って不思議がられることもありましたが、リオのあとはオリンピアンという〝大看板〞がありますから、マンションで一緒になっても、エレベーターの開くボタンを押してくれたり、「感動しました」とか、「僕もマラソンやっています。握手してください」なんて声をかけられることが増えました。

悲しいのは芸事のことは何も言われないってこと（笑）。それに、最近は買い物に行ったら、学生が遠くでこっちを指差して笑っているんです。残念ながら、〝オリンピックの呪文〞もすでに切れてしまったのかもしれません。

リオ五輪後に、仕事が増えた？

リオ五輪への出場が決まったときは、前回のこともあってか多くの方から激励の電話やメールをもらいました。

なかには学生時代や芸人になった頃から十数年も会っていないような昔の友人もいて、みんな最初は「おめでとう」とか言うんです。でも、よく話を聞くと「甥っ子がサッカーをやっていて、色紙代を出すからサッカーのブラジル代表のネイマールのサインもらってきてくれ」などということだったり。どういうつもりなんですかね、久しぶりに電話してきてサインが欲しいって。「ふざけんな、オレだってネイマールのサイン欲しいわ」って言って電話切ってやりました（笑）。

オリンピックの経済効果の話はいろいろなところで出ますし、僕についても「猫ひろしのオリンピック出場に伴う経済効果が○億円もあった」とかネットなどに書かれていましたが、あれは真っ赤な嘘だと思います。

ネットニュースなどで「猫ひろし、大手スポーツメーカーと契約か？」などと書かれてましたが、マネージャーに聞いたら電話の1本もなかったと言っていましたから

（笑）。

オリンピアンとして番組に呼ばれても、弁当が豪華になったとかタクシーがハイヤーになったとかもないです。強いて言えば、移動時の新幹線が普通車からグリーン車になったくらい。

でも、リオ五輪は出られてロンドン五輪は土壇場で出場が取り消しになりましたが、ダメになったときの方が、仕事が来る社会ってどうなんですかね。

リオ五輪に出場し、日本に戻ってきたときは忙しかったですが、いまの状況を見てください。ほとんどテレビに出ていないですから（笑）。

ワハハ本舗の仲間たち

喰社長をはじめワハハ本舗の方々は、ずっと応援してくれていて、リオから戻ってきたときには、社長が〝金猫メダル〟という僕のためのメダルまで作ってくれたり、事務所には「猫ひろし　オリンピック完走！」なんていう横断幕も出してくれていたんです。でも、うれしかったのですが、紙で急遽《きゅうきょ》作ったこともあり、すぐに「猫」の部分が取れてしまい、「ひろし　オリンピック完走！」に。それだと別のタレントさんですからね

(笑)。

リオのマラソン本番の日も、現地ではスタートが朝だったのですが、日本時間だと時差が12時間なので夜の9時半。だから、先輩の久本さんは、何人かの若手を自宅に集めて、日本でテレビを見ながら応援してくれていたようなんです。

僕はワハハ本舗に所属していますが、劇団員ではないので普段一緒にお仕事をする機会はそれほどありません。それでも、まさか同じお笑い事務所からオリンピック選手が出るとは思わなかったからか、楽しんでくれたみたいです。しかも、僕がオリンピック出場で記念に作った「猫ひろリンピック」というTシャツまで着てくれて。

ただ、スタートの数時間前からテレビの前でスタンバイしてくれていたらしいのですが、興奮していたのか久本さんはお酒の量もどんどん増えていき、僕がゴールする頃にはもうでき上がって寝ちゃってたみたいなんです。応援してくれたのはうれしかったのですが、僕のゴールはおろかほかの選手のゴールも見ずに寝てしまったらしいです(笑)。

マラソン芸人・猫ひろしのプライド

オリンピックが終わってからは、よくこんな風に言われました。

「あれ、猫さん芸人やめて、プロランナーになったんじゃなかったでしたっけ!?」

世間の芸人としての僕の認識がその程度だと思うと、ちょっと凹みます。

オリンピックのあとも、僕は時間の許す限り、ライブにも出ていますし、いろんなところでの営業舞台にも行っているのに……。

年配の方にはいまだに「猫八郎さんですよね？」と名前を間違えられることがあります。

最近ではアスリートと二足のわらじを履く芸人も出てきていますが、さすがにオリンピック出場となると難しいのではないでしょうか。

市民ランナーとしてもそう。こんなことを言うと川内（優輝）選手に怒られてしまいそうですが、最強の市民ランナーと言われている川内選手も世界陸上には出ていますが、オリンピックには出ていません（僕よりタイムは、全然速いですが……）。

改めて国籍を変えてまで、五輪に出たことの意味というか影響を考えてしまいます。

それでわかったことは、「オリンピックは見るものじゃなく出るもの」。これが言えるのも、一度出場した僕の特権です（笑）。

リオ五輪が終わってからは、取材などでよくこんなことも聞かれました。

「2020年東京五輪も走るんですよね？」

もちろん、僕は今後も走ることは続けますし、カンボジアにも定期的に帰ってトレーニングは続ける予定です。

ただ、芸人なのでそう言われると「頑張ります」なんて答えていますが、正直、それは簡単なことではないですし、タイミングと僕の実力がそのときどうかということだと思います。

ひょっとしたら東京でカンボジアチームのサポートをしているかもしれません。だって、僕は一応、日本で一番有名なカンボジア人ですから、役に立てることもあると思うんです。

カンボジアの関係者からも「東京ではよろしく」と言われていますが、ある若いスタッフは「猫、ソラ・アオイ知っている？」なんて言ってくるんです。セクシー女優の蒼井そらさんは、カンボジアでも大人気なんです。僕は数回ですが仕事も一緒にしたことがあるので一応「知ってるよ」と言ったら、どうやら東京で合コンできないか、みたいな話だったんです（笑）。

それは冗談としても、僕が走ればカンボジアを少しでもたくさんの人に知ってもらえるかもしれませんし、どんな形になっても今後もカンボジアのことをサポートしていければと思っています。

改めてカンボジア人になってオリンピックに出たことを振り返ると、不思議な気もします。だいたい、よく考えたら僕は元々オリンピックへの憧れとかを抱いていたわけではなかったですし、あくまで最初のキッカケは芸人としてのネタでした。まだオリンピックに出場できるかどうかもわからない頃には、練習しながら「オレ何やってんだろ」「みんなに笑われてんのかな」なんて思ったこともありました。

芸人としてネタをやって、普通にたくさんテレビに出たいとか思っていたわけで、まさかカンボジア人になって毎日走っているとは毛頭思ってなかったですから。

いまはマラソン大会のゲストランナーの仕事も増えて、日曜日は毎週のようにどこかに呼ばれ、多い年は年間で40本近くあると思います。10年前は学園祭に呼ばれてネタをやっていたのですが、そうした仕事はほとんどなくなり、アドレス帳を見ると芸人よりもランナーの友達ばっかりが増えています（笑）。

僕の中では自分は芸人という思いが強いですし、あくまでマラソンはその引き出しの

1つだと思っています。実際にフルマラソンで3時間切る人ってランナーの数パーセントしかいないですし、一芸というか1つのネタ。

もちろん、そういう考えで始めたものの、国籍を変えてまじめに練習を続け、オリンピックで走ったこと、カンボジアの選手たちと接することで、そうした考えが変わってきている部分はありますし、いまでは自分の人生を変えてくれたものと思うようになっています。メディアも多様化しているこの時代ですし、ギャグもやりつつ、マラソンをやってきてよかったと思っています。

将来の理想は、60歳を過ぎても浅草の劇場とかで普通に「ラッセラー、ラッセラー」とギャグをやっていたい。そして、それを見た若い人からこんな風に思われたら最高です。

「あの人ヤバくない？　あの年でラッセラーとか言っちゃって。でも、昔オリンピックに出たらしいよ。しかもカンボジア国籍で」

100年後くらいにひ孫あたりが家系図を見て、「1人だけカンボジア人がいる」と話していたりしたら、最高ですよね。

変わらない衣装を着て、くだらないギャグをずっとやり続けているっていうのが相当面白いと思うんです。やめないのが強い。おじいちゃんになっても、ずっと続けているから面白い。
最後に残るのって、やっぱり変人じゃないかと思うんです。

あとがき

一度は内定したのに、取り消された、ロンドン五輪出場。

その4年後にリオでマラソンを走り、ゴール後にあんな素晴らしい展開が待っているとは想像もつきませんでした。

僕は自他共に認める、とても前向きな人間です。悩みごとがあっても、寝たら翌朝には忘れてしまっているくらいです。

そんな僕が、オリンピックに出場するためにカンボジアに国籍を変え、向こうで暮らすようになってから、思うように熟睡できなくなりました。夜中に何度も起きてしまうのです。

その頃の僕は、よくこんなことを考えていました。

「いま、僕の目の前にタイムマシンがあったら、国籍を変える前に戻りたいと思うだろうか」

自分で勝手に決めたこととはいえ、やっぱり悩んでいたんだと思います。

その結果、僕は自分自身に「決まり」を設けることにしました。

どんなことがあっても、毎日足を止めることなく、とにかく走って、走って、走りまくることです。

そしてランナーズハイになった僕は、いつも必ずこう思いました。

「悩んでも過去は変わらない、いまを一生懸命生きて、未来を変えるしかない！」と。

「2020年の東京五輪は出るんだよね？」とよく聞かれます。

出られるに越したことはないのかもしれませんが、まだ具体的にはまったく考えられない、というのが正直ないまの気持ちです。

でも練習だけは続けています。

マラソンにはまり、芸人初のサブ3を達成したときは月間500キロ、国籍を変えてロンドン五輪を目指し始めてからは毎日30キロ、リオを目指すようになってからは毎日31キロ、そして、リオが終わったいまは、毎日32キロ以上走っています。

そして芸人ですので、ギャグも何があろうと毎日5個は、作っています！

遠い先のことはわからないし、興味もありません。

でも昨日の自分に勝てるように、いまを頑張って、大好きな芸人をやりながら、大好きなマラソンを楽しく走っています。

これからも好きなことをやって、楽しく生活するために、いまを一生懸命生きて行くと思います。

僕がオリンピックを目指すキッカケを作ってくれ、その軌跡を本にした方がいいと勧めてくれた、堀江貴文さん。それに応えてくれた、幻冬舎の高部さん。構成を担当してくれた栗原さん。オリンピック挑戦をずっと支えてくれたカンボジアドリームの渡邊裕子さん。カンボジア人スタッフのビサール。ワハハ本舗のみなさん、マネージャー村上さん。いつも遠征先に必ず来てくれる、もみじ整骨院の飯田先生。国際弁護士の田中先生。そして友人のSさん。後輩のチームキャッツのみんな。両親、兄弟、家族、ほかにもたくさんの方たち。

そして最後まで読んでくださったみなさん。本当にありがとうございました。

２０１７年12月　猫ひろし

カバーデザイン／bookwall
カバー写真／猫ひろし氏提供
構成／栗原正夫
企画／渡邊裕子（カンボジアドリーム）
取材協力／ワハハ本舗

〈著者紹介〉
猫ひろし（ねこ・ひろし）本名・タキザキクニアキ。1977年千葉県市原市生まれのお笑い芸人。ワハハ本舗所属。2008年の第2回東京マラソンで初マラソンに挑戦、3時間48分57秒でサブ4を達成。2011年にカンボジア国籍を取得し、2016年にカンボジア代表としてリオ五輪に出場。15名が途中棄権する中、139位、2時間45分55秒で見事に完走した。マラソンの自己ベストタイムは、2時間27分52秒。

僕がカンボジア人になった理由
2017年12月20日　第1刷発行

著　者　猫ひろし
発行者　見城 徹

GENTOSHA

発行所　株式会社 幻冬舎
〒151-0051 東京都渋谷区千駄ヶ谷4-9-7

電話：03(5411)6211(編集)
03(5411)6222(営業)
振替：00120-8-767643
印刷・製本所：株式会社 光邦

Printed in Japan
ISBN978-4-344-03233-0 C0095
幻冬舎ホームページアドレス　http://www.gentosha.co.jp/

この本に関するご意見・ご感想をメールでお寄せいただく場合は、
comment@gentosha.co.jpまで。